JN131790

幼稚園教諭・保育教諭を
めざす人のための
教育学入門

編著者代表　橋本 勇人

編著者　中川 智之・笹川 拓也・岡正 寛子

大学教育出版

は じ め に

　本書は、実際に保育者養成に関わっている教員が、幼稚園教諭・保育教諭を
めざす人の教育学入門書として必要と考えるエッセンス抽出し、全17章にま
とめたものである。

　保育者養成の世界は、さまざまな背景となる専門領域を修めた教員が、保育
者養成という一つの目的に向かって指導していく、いわばオーケストラのよう
な性格をもっている。そのためには、個々の教員自身が、保育者養成の全体像
を理解し、背景となる専門領域を深め、子どもの指導ができるように導いてい
くことが必要不可欠である。

　そのため本書は、まず第1章から第6章までを「教育の基礎的理解」に関
するものとし、次いで、第7章から第9章までを「道徳、総合的な学習等の指
導法及び生徒指導、教育相談等」に関するものとしている（第Ⅰ部）。それを
受けて、「領域に関する専門的事項」「保育内容の指導法」として第10章から
第17章までを展開し、同時に具体的な場面で「教育実践」を紹介するという
構成にしている（第Ⅱ部）。

　このような意図で書かれた本書を、幼稚園教諭・保育教諭をめざす学生を
指導する先生方には、教育学全体を俯瞰する基礎ゼミナールとして、あるいは
個々の教育学の専門分野の領域の導入教育として、さらには卒業前の振り返り
に使用していただけたらと思っている。また、幼稚園教諭・保育教諭をめざす
学生自身も、このような意図を理解して熟読していただけたらと思っている。

　最後になりましたが、お忙しいなかでご執筆いただいた各位に感謝申し上げ
ます。また、無理なお願いを快諾してくださった、大学教育出版の佐藤守氏に
心から御礼申し上げます。

令和2年4月

　　　編著者代表　川崎医療福祉大学 子ども医療福祉学科 学科長・教授　橋本　勇人

幼稚園教諭・保育教諭をめざす人のための教育学入門

目　次

第Ⅰ部　教育の基礎的理解

第 Ⅰ 部

教育の基礎的理解

第1章

教育の基礎理論

1. 教育の意義

（1） 教育による文化の継承

　教育とは、自分以外の他者のために労力を払い、発達や成長を支援することである。また、教育を行う者は、教育を受ける者よりも、知識、技術、価値の点において先に進んでいる者であり、環境や経験を調整することにより、教育を受ける者の発達や成長の促進を図る。教育は、教育を受ける者がよりよい生き方ができることを願って人を育てる行為であり、教育を受けた者は将来の社会や組織の発展を担う存在となっていくことを期待されている。

　人間の学習は、社会が蓄積した生活に必要とされる知識、技能、態度、信念といった文化の体系を、個人の外にある状態から自分の中に内面化する過程であると、清水義弘（1960）は位置づけている[1]。文化は、遺伝によって次の世代に伝わるものではないため、文化を伝達する教育が必要となる。この点に関して、汐見稔幸（2011）は、人間は他の哺乳類や動物に比べて、はるかに複雑な社会の中で文化・文明を発展させてきたので、後行世代は、必要な規範や文化能力を一とおり身につけるのに、かなりの時間と労力がかかると指摘している[2]。文化の伝達の観点から、教育は人間にとって必須のものと言え、もし教育という機能がなければ、人間は文化を継承し、現代の社会の水準まで発展させることはできなかったであろう。

（2）　環境の調整による成長の促進

　一方、教育を受ける側は、教育を通じて文化を継承することにより、社会に適応していく。マンハイムとスチュアート（1962）は、社会的適応の観点から教育を捉え、教育は社会的状況から生起するものであり、その目的の一つは、よりよく共同生活を営ませることでなければならないと述べている[3]。実際には、人間は教育だけでなく、周囲のさまざまな環境からも影響を受けながら自己を形成していく。この人間形成と教育を比較したとき、人間形成は、人間が社会的諸環境の相互作用の中で、自己を成長させる過程のことであり、教育は、その過程に意識的に参加しながら、その環境の影響の方向を選択し、学習の内容に取捨を加え、経験を意識的に組織することであると、勝田守一（1960）は指摘している[4]。

　この著作の中で勝田は、子どもは、社会が諸分野で蓄積してきた価値を選択し学習する権利をもっているが、未成熟な子どもにとってそれは可能なことではなく、子どもの幸福な生存のための権利である学習の能力を育てるために、教師の指導が必要となると述べている。教師は、「社会の各分野の蓄積してきたさまざまの価値の中から、子どもにとって学習可能なもの、子どもが、その自己を集団の中の個人として、成長させるのにふさわしいもの、を選択する義務を負っている」のである。

（3）　未来を志向する教育

　これらの指摘のとおり、教育は意図的な行為であり、後の世代が社会における共同生活によりよく適応できることを目的としたものである。教育は未来を志向するものであるため、将来の社会の姿を見すえて、教育のあり方や子どもに伝達すべき文化の内容を考える必要がある。次の世代が、社会において共同生活を営むことができるように、教育が効果的に組織され、機能することが肝要と言えよう。その際、短い期間で効果の表れてくるものだけではなく、長い期間をかけて培われる資質や能力も大切となる。保育者には、乳幼児への日々の細やかな関わりや配慮の積み重ねが、子どもの未来に少しずつ影響を与えていくことを意識することが求められよう。

2.　教育の歴史

　教育ははるか昔から実際になされてきたものであり、その時どきの社会のあり方を受けて、さまざまな形がとられてきた。サイモン（1971）、ハミルトン（1989）、柳治男（2005）、勝山吉章ら（2011）、秋田喜代美（2016）、田熊美保・秋田喜代美（2017）らの著作をもとに、いくつかその姿を見てみよう[5]～[10]。

（1）　古代ギリシャの教育

　古代ギリシャでは、外敵と戦ったり、人々を支配したりするための戦士の育成が重要な課題であった。当時最強の戦闘集団を誇ったスパルタは強固な軍事体制をとっており、参政権と軍役義務をもつ人々が、参政権をもたない農奴などの人々を治めるために、軍事的な訓練が重視され、知的教育は必要最小限に限定された。これに対し、交易により発展したアテネでは、ペルシャ戦争で平民が活躍したことにより、その発言権が増し、直接民主制がとられることとなった。アテネでは、国家の担い手となる市民の養成が求められるようになり、議論において相手に勝ち、多数決による政策の決定に影響を与えることができるよう弁論術（修辞学）が重視された。

（2）　中世ヨーロッパの教育

　中世ヨーロッパでは、技術革新による生産性の向上によって社会が安定するとともに、商業や都市の成長が促進された。教育は一部の支配者層に限定されたものではなくなり、身分や職業別に行われるようになった。例えば、聖職者となる者は、司教座聖堂学校や修道院において、教養としての7自由科（文法、修辞学、論理学（弁証法）、幾何学、算術、天文学、音楽）を学んだ後に、専門である神学を学んだ。騎士となる者は、学校ではなく領主の館での生活の中で、実践を通して乗馬や狩猟などを体得していった。職人においては、ギルド（職業別の組織）の構成員である親方の元で生活や労働をすることを通して、各職業に必要とされる知識や技術を身につけていった。

（3）　公教育としての学校の構想

　近世に入り、1439 年頃、グーテンベルクが初めて行った活版印刷技術の発達や、宗教改革、産業革命による社会の変化が教育のあり方を変えていった。1455 年に欧州初の活版印刷書籍となったのは、当時貴重だった旧約・新約聖書であり、聖書の流通がその後の宗教改革へも影響を与えることとなった。ルターは、聖書をドイツ語に訳すとともに、民衆の子どもに読み方を教育する必要性を訴えた。これを受けて、ドイツ各地で初めての国家による学校制度が定められることとなった。

　戦乱の中で妻子を亡くし、迫害され、社会の混乱の中で生きたコメニウスは、万人が普遍的な思想や知識を学べるようにすることが世界平和につながると考え、その実現のために生涯を捧げた。コメニウスは、活版印刷の技術から、知識を万人に行き渡らせるための一斉教授・学校の構想を描き、『大教授学』（1657 年）を著した。また、視覚に訴え知識を伝授するため、世界初の絵入り教材となる『世界図絵』（1658 年）を著した。コメニウスは近代教授学の礎を築き、その思想は後世に多大な影響を与えた。

　フランス革命期には、社会改革における教育の重要性を認識していたコンドルセ（数学者でもあった）は、公教育を人類の進歩に寄与するものと考えた。彼は、教育の中立性、機会均等、生涯学習、無償などの特徴をもつ公教育を実現するために、公教育委員会での審議を経て、「公教育の全般的組織についての報告と法案」を報告した（1792 年）。コンドルセの案は、当時の社会における卓越した教育案であったと現在でも評価されているが、対外戦争や社会の混乱の中、この公教育に関する法案は実現することはなかった。

（4）　集団を対象とした教育の広がり

　他方、イギリスでは、産業革命により、安価な労働力としての子どもの酷使や、労働者の教育が課題となり、多くの子どもに対して効率的に教育を可能とする安価な方法が社会的に必要とされるようになった。集団に基礎をおく教育が効果的だと考えられるようになったのは、モニターと呼ばれる助教（生徒）を用いたモニトリアル・システム（助教法）が考案されて以降である。モニト

リアル・システムは、陸軍男子孤児収容施設におけるベルの教育実践から考案された教育形態である。ランカスターは、ベルが発見した助教を用いた方法を取り入れ、経済的に貧しい子どもに対して、それまでと比較して安価な費用で教育を提供することを可能にした。ベルとランカスターのシステムは、少なからず相違があるものの、助教を用いた集団を教育するための方法という点で同様のものと捉えられており、ベル＝ランカスター法とも呼ばれている。

　イギリスにおいては、1833年に学校建設への補助金が認められ、その後、空間的に独立した教場の必要性が指摘されるようになった。また、各標準において年1回実施される試験の合格者数に応じた補助金が1862年に支給され始め、年齢集団別に授業を進めるのが、学校組織の基本的枠組みとなった。

（5）　現在の日本の教育

　現在の日本においては、先人たちの功績と社会の文化の蓄積を活用しながら、教育の機会均等、義務性、無償性、中立性等をめざした教育が実施されている。その教育制度は、過去の社会と比較すると、大きく進んだものである。日本における最高法規である「日本国憲法」には、第23条において学問の自由が保障されている。また、第26条においては、「その能力に応じて、ひとしく教育を受ける権利」と「その保護する子女に普通教育を受けさせる義務」について定められており、義務教育は無償とされている。

　日本国憲法の精神にのっとり、教育の基本の確立とその振興を目的として制定されたのが「教育基本法」である。ここには、生涯学習、教育の機会均等といった理念や人格の完成をめざす教育の目的、教育の実施に関する基本などが示されている。国民が基本的な教育を受けることができるように、義務教育の機会の保障、その水準の確保等について、国及び地方公共団体に、その実施の責任を求めている。「学校教育法」は、学校教育の基本構造を定めたものである。戦後の日本は、この学校教育制度を用いて、普遍的な知識の効率的な伝達による人材の育成と、豊かな社会を実現してきたと言えよう。

（6）これからの時代の教育

　現在の世界は、急激に変化し（volatile）、不確実性が高く（uncertain）、課題が複雑で（complex）、解決策は曖昧（ambiguous）な世界になっている。子どもたちが大人になったときの社会を正確に予想することはできず、これまでのような社会の文化・知識の伝達だけでは、未来の社会で子どもたちに求められる知識の基礎として十分ではないことが指摘されている。このような観点から、現在の世界では、知識と技術、態度、価値などを身につけ、さまざまな場面に応じて活用することのできる「コンピテンシー」を育成することの必要性が増してきている。たとえば OECD（経済協力開発機構）のように各国が連携し、新たな社会問題への対応として生涯学習などの必要性、学校教育のあり方などに関する分析や議論が進んでいる状況である。特定の知識や技術を学ぶだけではなく、学び方や活用の仕方についても学ぶ時代になってきていると言えよう。

表 1-1　教育に関する法律（抜粋）

日本国憲法（抄）

〔学問の自由〕

第二十三条　学問の自由は、これを保障する。

〔教育を受ける権利と受けさせる義務〕

第二十六条　すべて国民は、法律の定めるところにより、その能力に応じて、ひとしく教育を受ける権利を有する。

2　すべて国民は、法律の定めるところにより、その保護する子女に普通教育を受けさせる義務を負ふ。義務教育は、これを無償とする。

教育基本法（抄）

（教育の目的）

第一条　教育は、人格の完成を目指し、平和で民主的な国家及び社会の形成者として必要な資質を備えた心身ともに健康な国民の育成を期して行われなければならない。

（教育の目標）

第二条　教育は、その目的を実現するため、学問の自由を尊重しつつ、次に掲げる目標を達成するよう行われるものとする。

一 幅広い知識と教養を身に付け、真理を求める態度を養い、豊かな情操と道徳心を培うとともに、健やかな身体を養うこと。

二 個人の価値を尊重して、その能力を伸ばし、創造性を培い、自主及び自律の精神を養うとともに、職業及び生活との関連を重視し、勤労を重んずる態度を養うこと。

三 正義と責任、男女の平等、自他の敬愛と協力を重んずるとともに、公共の精神に基づき、主体的に社会の形成に参画し、その発展に寄与する態度を養うこと。

四 生命を尊び、自然を大切にし、環境の保全に寄与する態度を養うこと。

五 伝統と文化を尊重し、それらをはぐくんできた我が国と郷土を愛するとともに、他国を尊重し、国際社会の平和と発展に寄与する態度を養うこと。

（生涯学習の理念）

第三条 国民一人一人が、自己の人格を磨き、豊かな人生を送ることができるよう、その生涯にわたって、あらゆる機会に、あらゆる場所において学習することができ、その成果を適切に生かすことのできる社会の実現が図られなければならない。

（教育の機会均等）

第四条 すべて国民は、ひとしく、その能力に応じた教育を受ける機会を与えられなければならず、人種、信条、性別、社会的身分、経済的地位又は門地によって、教育上差別されない。

2 国及び地方公共団体は、障害のある者が、その障害の状態に応じ、十分な教育を受けられるよう、教育上必要な支援を講じなければならない。

3 国及び地方公共団体は、能力があるにもかかわらず、経済的理由によって修学が困難な者に対して、奨学の措置を講じなければならない。

（学校教育）

第六条 法律に定める学校は、公の性質を有するものであって、国、地方公共団体及び法律に定める法人のみが、これを設置することができる。

2 前項の学校においては、教育の目標が達成されるよう、教育を受ける者の心身の発達に応じて、体系的な教育が組織的に行われなければならない。この場合において、教育を受ける者が、学校生活を営む上で必要な規律を重んずるとともに、自ら進んで学習に取り組む意欲を高めることを重視して行われなければならない。

（幼児期の教育）

第十一条 幼児期の教育は、生涯にわたる人格形成の基礎を培う重要なものであることにかんがみ、国及び地方公共団体は、幼児の健やかな成長に資する良好な環境の整備その他適当な方法によって、その振興に努めなければならない。

学校教育法（抄）

第一条 この法律で、学校とは、幼稚園、小学校、中学校、義務教育学校、高等
学校、中等教育学校、特別支援学校、大学及び高等専門学校とする。

第二十二条 幼稚園は、義務教育及びその後の教育の基礎を培うものとして、幼
児を保育し、幼児の健やかな成長のために適当な環境を与えて、その心身の発
達を助長することを目的とする。

第二十三条 幼稚園における教育は、前条に規定する目的を実現するため、次に
掲げる目標を達成するよう行われるものとする。

　一 健康、安全で幸福な生活のために必要な基本的な習慣を養い、身体諸機能
　の調和的発達を図ること。

　二 集団生活を通じて、喜んでこれに参加する態度を養うとともに家族や身近
　な人への信頼感を深め、自主、自律及び協同の精神並びに規範意識の芽生え
　を養うこと。

　三 身近な社会生活、生命及び自然に対する興味を養い、それらに対する正し
　い理解と態度及び思考力の芽生えを養うこと。

　四 日常の会話や、絵本、童話等に親しむことを通じて、言葉の使い方を正し
　く導くとともに、相手の話を理解しようとする態度を養うこと。

　五 音楽、身体による表現、造形等に親しむことを通じて、豊かな感性と表現
　力の芽生えを養うこと。

第二十五条 幼稚園の教育課程その他の保育内容に関する事項は、第二十二条及
び第二十三条の規定に従い、文部科学大臣が定める。

学校教育法施行規則（抄）

第三十八条 幼稚園の教育課程その他の保育内容については、この章に定めるも
ののほか、教育課程その他の保育内容の基準として文部科学大臣が別に公示す
る幼稚園教育要領によるものとする。

幼稚園教育要領（抄）

○文部科学省告示第六十二

　　学校教育法施行規則（昭和二十二年文部省令第十一号）第三十八条の規定に
　基づき、幼稚園教育要領（平成二十年文部科学省告示第二十六号）の全部を次
　のように改正し、平成三十年四月一日から施行する。

第1章 総則

　第1 幼稚園教育の基本

　　　幼児期の教育は、生涯にわたる人格形成の基礎を培う重要なものであり、
　　幼稚園教育は、学校教育法に規定する目的及び目標を達成するため、幼児期
　　の特性を踏まえ、環境を通して行うものであることを基本とする。

3. 幼児教育・保育の歴史

　ここでは、森上史朗・大豆生田啓友（2006）、勝山吉章ら（2011）、森上史朗・柏女霊峰（2015）、一見真理子（2016）、遠藤利彦（2016；2019）、経済協力開発機構（OECD）・無藤隆・秋田喜代美（2018）、秋田喜代美・東京大学大学院教育学研究科附属発達保育実践政策学センター（2019）らの著作をもとに、保育・幼児教育の歴史と現状について見ていこう[11]〜[18]。

（1）　オーベルリン
　世界で一番古い集団保育施設とされる幼児保護所を開設したのは、フランスの牧師だったオーベルリンである（1779年）。当時の住民の暮らしは戦禍と貧困できわめて低い水準にあった。オーベルリンは、住民の生活条件の向上、地域の産業の振興に取り組むとともに、住民の教育条件が悪いことが、経済的な改善や宣教の支障になっていると考え、子どもや大人のための学校を設立した。大人の学校では、母親に編み物を教えたが、幼児保護所は、学校で編み物を学ぶ母親の子どもや過酷な農作業などによって放任されている子どもを預かる施設であり、その子どもへの教育も行った。

（2）　オーエン
　オーベルリンに影響を受け、イギリスにおける幼児教育史の始まりとなる「幼児学校」を設立したのが、オーエンである。オーエンは、産業革命期に、自身が経営する紡績工場の労働者や子どもの生活改善に努めた人物である。彼は、工場敷地内に「性格形成学院」を開設し、スコットランドのニューラナークの全村民に開放した（1816年）。学院は、幼児学校（1〜6歳）、小学校（6〜10歳）、働く成人のための夜間学校（10〜20歳）からなっており、オーエンは、環境を改善することによって優良な性格形成をめざした。この幼児学校で幼児教育を担当したブキャナンが招かれ、1818年にロンドンに設立された幼児学校が、イングランドで最初の幼児学校とされるものである。

（3）　フレーベル

　世界で初めての幼稚園を、ドイツにおいて設立したのは、幼児教育の祖と呼ばれるフレーベルである。フレーベルは、子どもの遊びを重要視し、「恩物」と呼ばれる教育的遊具を考案した。また、フレーベルは、母親を含めて教育力のある保育者を育てるための養成所を開設した（1839 年）。その附属の実習所として開設されたのが、遊戯及び作業教育所である。遊戯及び作業教育所では、6 歳以下の子どもを集め、恩物を用いた実践が行われたが、翌 1840 年に「幼稚園（Kindergarten）」と改称した。幼稚園はドイツ全土に広がり、彼の死後、国境を越えて世界に広がっていった。

（4）　モンテッソーリ

　モンテッソーリは、ローマ大学医学部への女性初めての入学者であり、イタリア初の女性医学博士号取得者である。彼女は、ローマ大学精神科クリニックにおいて、知的障害児への教育に関する研究に取り組み成果を上げた。その後、その成果を、ローマのスラム街に開設された保育施設「子どもの家」（1907 年開設）において、スラム街に暮らす幼児（3 ～ 7 歳）を対象に適用した。この施設は、モンテッソーリ教具を用いたモンテッソーリ・メソッド（教育法）を専門に行うためのものであり、子ども自身が自発的に考え、自由に生活することが重視された。教育や教師には、子どもの観察が重要視され、環境を整備することが求められた。いすや机などは、当時それまで使用されていた固定式のものではなく、可動式のものが用いられ、子どもが快適に移動できるようにされた。モンテッソーリ・メソッドは、子どもの観察、子どもの自由な活動、自発的発達の重視、環境の整備を基調とするものであった。

（5）　日本における幼稚園の始まり

　日本における最初の官立幼稚園は、東京女子師範学校（現：お茶の水女子大学）内に設置された東京女子師範学校附属幼稚園である。文部大輔（現在の文部科学大臣）である田中不二麿が、東京女子師範学校摂理（現在の校長）中村正直の協力を得て、1876（明治 9）年に設立したものであり、学齢未満児の

本来の才能を開発することを目標としていた。初代監事（現在の園長）は関信三、主任保母はフレーベルの設立した養成学校で保育の理論と実際を学んだ松野クララ（クララ・チーテルマン：ドイツ人）であり、初期にはフレーベル主義に基づく幼児教育を行った。

（6）倉橋惣三

東京女子師範学校附属幼稚園は、師範学校の改称に伴い、1885（明治18）年には東京師範学校女子部附属幼稚園、1886（明治19）年には高等師範学校女子部附属幼稚園、1890（明治23）年には女子高等師範学校附属幼稚園、1908（明治41）年には東京女子高等師範学校附属幼稚園と改称された。1917（大正6）年には、日本の幼児教育の理論的な指導者であった倉橋惣三が主事として着任した。倉橋は、形式化した明治以来のフレーベル主義を改革し、子ども中心の進歩的な保育を提唱して幼児教育の発展に尽くした（倉橋は、戦後、教育刷新委員会委員を経て、1948（昭和23）年には日本保育学会を創設し初代会長を務めた）。同幼稚園は、戦後、お茶の水女子大学文教育学部附属幼稚園（1952（昭和27）年）、お茶の水女子大学附属幼稚園（1980（昭和55）年）と改称され、現在へと続いている。

（7）日本における託児事業の始まり

日本における託児事業の始まりは、1890（明治23）年に私塾から改称し設立された新潟静修学校に附設された新潟静修学校附設託児所である。新潟静修学校は赤沢鍾美が主催する私塾であり、生徒が子守りから開放されて勉強できるように、幼いきょうだいを校内の一室で預かることとしたのが託児の始まりである（無料）。保育室を担当したのは、鍾美の妻である仲子であった。その後、母子家庭や保育を必要とする地域の子どもも預かるようになった。当初は繁忙期のみだったが、その後、日本おける最初の常設託児施設へと発展した。この保育事業は、「守孤扶独幼稚児保護会」と称された（1908（明治41）年）。

（8）　現在の日本における幼児教育・保育

　現在の日本において、就学前の子どもたちが幼児教育・保育を受けることができるのは、主に幼稚園、保育所、幼保連携型認定こども園である。人口動態の変化による労働力人口の減少を受けて、働きたいという希望のある、就学前の子どもをもつ母親等が、社会において労働に従事できるようにするための政策がとられており、3歳未満児の保育所や幼保連携型認定こども園の利用希望が増えているのが現状である（待機児童も存在している）。2019（令和元）年10月から、幼児教育・保育の無償化（幼稚園、保育所、認定こども園等を利用する3歳から5歳児クラスまでのすべての子どもと、住民税非課税世帯の0歳から2歳児クラスまでの子どもの利用料が無料）が開始されたこともあり、幼児教育・保育のさらなる量的拡充と、質的向上が求められていると言えよう。

（9）　ECEC（Early Childhood Education and Care）

　世界的には、義務教育就学前の「乳幼児期の教育とケア」（ECEC：Early Childhood Education and Care）に注目が集まっている。これは、ノーベル経済学賞を受賞したジェームズ・ヘックマンらが、「ペリー就学前教育プログラム」の縦断研究の結果を根拠に、公共政策として、人生初期の乳幼児期の教育に投資をすることが最終的なリターンを多くすると示したことが大きな要因である。OECDにおいても、生涯学習の基礎を強固にするためには、ECECに優先的に取り組むことが重要との考えのもと、Starting Strong（人生の始まりこそ力強く）と命名されたプロジェクト等が継続、進行されている。

　OECDの報告書によると、「スキルがスキルを生む」と言われるように、早期の介入によるスキルの向上が後のスキルをさらに発達させるため、教育・社会における格差をなくすうえでECECが重要となることが示されている。ECECサービスには、さまざまな類型があり、それぞれの所管部門の複雑化や、歴史的起源による「教育」と「チャイルドケア」の分断が、サービスの非連続・ギャップを生じさせるため、①ECECに関わる複数部局を調整する組織の創設、あるいは、②ECECを主管する中央省庁または機関の指定を提言している。なお、②の場合は、保育内容や保育者養成研修の調整の役割の重要

性を考慮し、可能であれば教育部門が主導することが推奨されている。

（10）アタッチメントへの注目

　子どもの育ちと学びを支えるためにケアと教育をつなげて考えることや、ケアの中核となるアタッチメントが非認知的な心（種々の社会情緒的な特性や能力等）の教育にもつながること、子どもが家庭外で最初に出会う保育者などとのアタッチメントの質が、その後の園や学校といった集団的状況における社会的適応の鍵を握る可能性が高いこと等が指摘されており、ECEC及び保育者に期待される役割が大きくなっていると言えよう。

4. 子どもの教育及び保育を支える保育者

（1）日本における就学前教育

　先述のとおり、現在、日本の就学前の子どもは、主に幼稚園、保育所、幼保連携型認定こども園で幼児教育及び保育を受けている。幼稚園は、教育基本法及び学校教育法に基づく学校であり、義務教育及びその後の教育の基礎を培うものとして、幼児を保育し、幼児の健やかな成長のために適当な環境を与えて、その心身の発達を助長することを目的としている。保育所は、児童福祉法に基づく児童福祉施設であり、保育を必要とする乳児・幼児を日々保護者の下から通わせて保育を行うことを目的としている。

　幼保連携型認定こども園は、教育基本法及び就学前の子どもに関する教育、保育等の総合的な提供の推進に関する法律（一般に、認定こども園法と称される）に基づく学校であり、児童福祉法に基づく児童福祉施設でもある。幼保連携型認定こども園は、義務教育及びその後の教育の基礎を培うものとしての満3歳以上の子どもに対する教育並びに保育を必要とする子どもに対する保育を一体的に行い、これらの子どもの健やかな成長が図られるよう適当な環境を与えて、その心身の発達を助長するとともに、保護者に対する子育ての支援を行うことを目的としている。

　認定こども園には、幼保連携型認定こども園のほかに、幼稚園型認定こども

園や、保育所型認定こども園、地方裁量型認定こども園がある。幼稚園、保育所、認定こども園のいずれにせよ、教育基本法第11条において定められているとおり、幼児期の教育は、生涯にわたる人格形成の基礎を培う重要なものであることをしっかりと意識し、良好な環境の整備に努め、幼児の健やかな成長に資することが求められている。

（2）　幼稚園・幼保連携型認定こども園で必要となる免許・資格

　幼稚園において教育を実施する幼稚園教諭となるためには、幼稚園教諭免許状を取得する必要がある。幼稚園教諭免許状には、一種免許状（大学卒業程度）、二種免許状（短期大学卒業程度）、専修免許状（大学院修士課程修了程度）が存在している。また、保育所において保育を行う保育士となるためには、保育士資格を取得する必要がある。

　幼保連携型認定こども園において保育教諭となるためには、上記の幼稚園教諭免許状と保育士資格の両方の取得が要件となっている。現在は、施設における必要な人材確保、施設運営の安定化に資するために、資格要件等を緩和する特例が定められており、片方の資格保有者でも保育教諭となることができる。しかしながら、子どもへの質の高い教育及び保育を実施するためには、両方の免許・資格を取得することが望ましいと言えよう。

　教育職員免許法では、教育職員で、その有する免許状が二種免許状であるものは、一種免許状の授与を受けるよう努力する義務が定められている。しかしながら、現状では、幼稚園における教諭は二種免許状所有者が中心となっており、他学校種と比べてその割合がきわめて高いことが指摘されている（現職教諭の二種免許状取得者の割合は、幼稚園68.0％、小学校14.0％、中学校3.9％：文部科学省「平成28年度幼児教育実態調査」[19]）。このような状況の中、一種免許状への上進の促進を図るため、認定講習の受講機会を拡大することをめざす幼稚園教諭免許法認定講習等推進事業（文部科学省）が、令和元年度より実施されている。学校教育法施行規則においては、園長になるための資格として、専修免許状または一種免許状を有していることがその一つに挙げられていることからも、質の高い幼児教育を提供するうえで、幼児教育に携わる者に

は、一種免許状以上の取得が期待されていると言えよう。

（3） これからの保育者に求められる資質・能力

　急激で不確実な社会の変化を受けて、現在の子どもに対する教育が変化しつつあることは、先にも述べた。社会変化に伴う教育の変化は、その教育を実施する者に必要と考えられる資質・能力も変化させる。2015（平成27）年の中央教育審議会答申「これからの学校教育を担う教員の資質能力の向上について ─ 学び合い、高め合う教員育成コミュニティの構築に向けて ─ 」を受けて、2016（平成28）年には教育職員免許法が、2017（平成29）年には教育職員免許法施行規則が改正された。この改正により、幼稚園教諭免許状を取得するためには、それまでの科目の枠組みが変更され、「教育の基礎的理解に関する科目」「道徳、総合的な学習の時間等の指導法及び生徒指導、教育相談等に関する科目」「教育実践に関する科目」「領域及び保育内容の指導法に関する科目」を学ぶこととされた。

　本書は、これらの幼稚園教諭免許状の取得に必要とされる内容を主に取り上げ、その概観や骨格をつかむことを意図して作成されたものである。本書において、保育者として必要な内容の骨格をつかみ、その後の学習や実習、保育実践に活用できるようにして欲しい。

引用文献

1)　清水義弘「学習・教育・文化」大田堯・勝田守一・斎藤浩志・清水義弘・高木正孝・中内敏夫・波多野完治・山住正己『岩波講座　現代教育学2　教育学概論I』岩波書店、1960年、pp.60-82

2)　汐見稔幸「人はなぜ教育を必要とするのか ─ 教育の2つのモデル」汐見稔幸・高田文子・東宏行・増田修治・伊東毅 編著『よくわかる教育原理』ミネルヴァ書房、2011年、pp.2-3

3)　Mannheim, K. & Stewart, W. A. C. "An introduction to the sociology of education" The Humanities Press, 1962, p.9, p.17（末吉悌次・池田秀男 共訳『教育の社会学』黎明書房、1964年、p.33, p.45）

4)　勝田守一「学校の機能と役割」大田堯・勝田守一・斎藤浩志・清水義弘・高木正孝・中内敏夫・波多野完治・山住正己『岩波講座　現代教育学2　教育学概論I』岩波書店、1960年、

pp.103-148

5)　Simon, B. "Intelligence, psychology and education: a Marxist critique" Lawrence & Wishart, 1971, pp.201-203（成田克矢・諏訪義英・榊達雄 訳『知能と心理と教育』明治図書出版、1974 年、pp.217-219）

6)　Hamilton, D. "Towards a theory of schooling" Falmer, 1989, pp.78-83（安川哲夫 訳『学校教育の理論に向けて　クラス・カリキュラム・一斉教授の思想と歴史』世織書房、1998 年、pp.87-94）

7)　柳治男『〈学級〉の歴史学　自明視された空間を疑う』講談社、2005 年、pp.32-52

8)　勝山吉章・江頭智宏・中村勝美・乙須翼『西洋の教育の歴史を知る — 子どもと教師と学校をみつめて —』あいり出版、2011 年、pp.1-102

9)　秋田喜代美「子どもの学びと育ち」児玉重夫 編『教育の再定義（岩波講座 教育 変革への展望 1)』岩波書店、2016 年、pp.97-126

10)　田熊美保・秋田喜代美「新しい学力像と評価のあり方」秋田喜代美 編『学びとカリキュラム（岩波講座 教育 変革への展望 5)』岩波書店、2017 年、pp.273-309

11)　森上史朗・大豆生田啓友 編『よくわかる保育原理』ミネルヴァ書房、2006 年、pp.66-73

12)　勝山吉章・江頭智宏・中村勝美・乙須翼『西洋の教育の歴史を知る — 子どもと教師と学校をみつめて —』あいり出版、2011 年、pp.1-102

13)　森上史朗・柏女霊峰 編『保育用語辞典［第 8 版]』ミネルヴァ書房、2015 年、pp.395-431

14)　一見真理子「OECD の保育（ECEC）政策へのインパクト」日本保育学会 編集『保育学講座 2 保育を支えるしくみ — 制度と行政 —』東京大学出版会、2016 年、pp.119-144

15)　遠藤利彦「子どもの社会性発達と子育て・保育の役割」秋田喜代美 監修、山邉昭則・多賀厳太郎 編『あらゆる学問は保育につながる — 発達保育実践政策学の挑戦 —』東京大学出版会、2016 年、pp.225-250

16)　遠藤利彦「養護と教育の表裏一体性 — アタッチメントと非認知的な心の発達 —」『日本乳幼児教育学会 第 29 回大会 大会プログラム』日本乳幼児教育学会、2019 年、pp.14-15

17)　経済協力開発機構（OECD）編著、無藤隆・秋田喜代美 監訳『社会情動的スキル — 学びに向かう力 —』明石書店、2018 年、pp.3-6、pp.217-220

18)　秋田喜代美 監修・東京大学大学院教育学研究科附属発達保育実践政策学センター 編著『保育学用語辞典』中央法規出版、2019 年、pp.296-324

19)　文部科学省「［資料 5］幼稚園教諭免許法認定講習等推進事業」
　　　https://www.mext.go.jp/component/a_menu/education/detail/__icsFiles/afieldfile/2018/12/21/1411908_06.pdf（2020 年 2 月 7 日確認）

第2章

幼稚園教諭・保育教諭に必要な教育知識

1. わが国の教育に関する法体系と教育制度

（1） わが国の教育に関する法体系

　わが国の法体系は、日本国憲法（第26条：教育を受ける権利など）を最高法規として（第98条）、法律（教育基本法や学校教育法など）・政令（学校教育法施行令など）・省令（学校教育法施行規則など）などの法令があり、さらにその下に学習指導要領や幼稚園教育要領・幼保連携型認定こども園教育保育要領といった告示などがあるという階層性をもっている（図2-1）。なお、「児童の権利に関する条約」などの「条約」は、法律より上位にある。

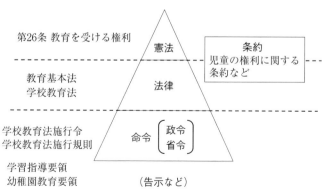

図2-1　わが国の教育に関する法体系

出典：橋本勇人 編（2018）[1] を一部改変

（2）　中央と地方の教育行政のしくみ

1）　文部科学省と中央教育審議会

　わが国の教育行政の中心となるのが文部科学省である。文部科学大臣・副大臣・大臣政務官等の政治任用職の下に事務次官以下の事務職の組織があり、都道府県や市町村の教育委員会に指導や助言等を行っている。文部科学省には、総合教育政策局・初等中等教育局・高等教育局等や、スポーツ庁・文化庁、国立教育政策研究所などの施設等機関や、日本ユネスコ国内委員会などの特別な機関がある。

　また、文部科学大臣の諮問機関として中央教育審議会（中教審）がある。文部科学大臣から中教審への諮問（意見を聞くこと）に対して、中教審から文部科学大臣へ答申する（審議し意見を伝える）という形をとっている。「中教審答申」には法的な拘束力はないが、その後の教育行政や立法に方向性を与えることが多い。

2）　教育委員会

　教育委員会は、地方自治法や「地方教育行政の組織及び運営に関する法律（地方教育行政法）」に基づき、教育に関する事務を管理執行するため、都道府県や市（区）町村などの地方公共団体に設置される行政委員会である。教育委

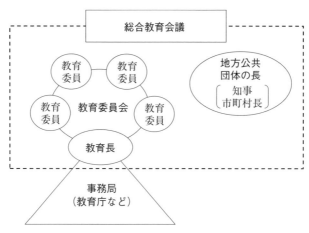

図 2-2　教育委員会と総合教育会議

員会は、原則として教育長及び 4 人の委員で組織される（図 2-2）。教育委員及び教育長は、地方公共団体の長が議会の同意を得て任命する。

　かつては委員の互選による教育委員長と事務局（教育庁など）の長である教育長とは別であったが、「大津いじめ事件」などの反省から、権限と責任を明確にするため教育長に一元化した。また、地方公共団体の長と教育委員会からなる「総合教育会議」を設置し、教育行政の指針となる大綱を策定することにより、長の関与と教育の中立性の調和を図っている。

2. 学習指導要領等の拘束力と変遷

（1）教育権の所在論争と学習指導要領の法的拘束力

　学習指導要領は、告示という法形式をとる。この学習指導要領に法的拘束力があるかどうかについては、教育権の所在論争を抱えながら、さまざまな学説が主張されてきた。

　教育権の所在については、「国家の教育権説」（国民 → 国会議員→内閣総理大臣 → 文部科学大臣という考え）と「国民の教育権説」（子どもと親 → PTA などを通して教師に委託という考え）が対立していたが、最高裁判所は、「旭川学テ事件判決」[2]で、「いずれも極端かつ一方的であり、そのいずれをも全面的に採用することはできない」とし、「子どもの学習権」を中心においた。

　また、学習指導要領の法的拘束力については、学説上はさまざまな意見があるが、高等学校の学習指導要領の法的拘束力が問題となった「伝習館高校事件判決」[3]で、裁判所はこれを認めている。そうすると、「要領」の存在を前提にしながら、現場の教師も創意工夫することが大切になってくる。

（2）学習指導要領の変遷

　学習指導要領は、戦時下の教育の払拭をめざして、1947（昭和 22）年に試案として始まり、2019（令和元）年までに、2017（平成 29）年の小中第 8 次改訂、2018（平成 30）年の高校第 9 次改訂がなされている（図 2-3）。

　そのうち近年の改訂の特徴を見てみると、次のとおりである。

① 1998（平成 10）年の小中第 6 次改訂、1999（平成 11）年の高校第 7 次
改訂では、「生きる力」の育成と「ゆとり」ある教育を基本方針とし、「総
合的な学習」の時間が新設された。

② 2008（平成 20）年の小中第 7 次改訂、2009（平成 21）年の高校第 8 次
改訂では、「生きる力」の理念を継承しながら、「確かな学力」「豊かな心」
「健やかな体」の調和を図った。また、「知識・技能」の習得と「思考力・
判断力・表現力等」の育成を重視している。

③ 今回の 2017（平成 29）年の小中第 8 次改訂、2018（平成 30）年の高校
第 9 次改訂では、「社会に開かれた教育課程」を重視し、「主体的・対話的
で深い学び（アクティブ・ラーニング）」の実現に向けた授業改善と、各
学校における「カリキュラム・マネジメント」の確立を求めている。また
すべての科目を、「知識・技能」「思考力・判断力・表現力等」「学びに向
かう力・人間性等（幼児教育・保育における非認知能力）」の 3 つで整理
している。そのほか、「幼稚園から高校卒業以降の教育や職業との円滑な
接続」[4] を明記するとともに、「障害に応じた指導や日本語の能力等に応
じた指導」なども定めている。

	2018年度	2019年度	2020年度	2021年度	2022年度
幼稚園	2018年度～全面実施				
小学校			2020年度～全面実施		
中学校				2021年度～全面実施	
高等学校					2022年度～全面実施

図 2-3　改訂幼稚園教育要領と小中高校の学習指導要領の進行

　円滑な接続を幼児教育と小学校の部分に焦点を当てて見てみると、「幼児期の終わりまでに育ってほしい 10 の姿」を幼稚園教育要領・幼保連携型認定こども園教育保育要領、保育所保育指針の 2017（平成 29）年の改訂（定）により方向目標として定め、小学校学習指導要領で小学校入学当初における生活科などで「スタートカリキュラム」の充実を図っている。

3.　キャリア教育と生きる力

（1）キャリア教育

　近時のキャリア教育は、2011（平成 23）年 1 月 31 日の中教審答申（「今後の学校におけるキャリア教育・職業教育の在り方について」）に基づいて展開されている。

　そこでは、次のように述べられている。

　　　キャリア教育導入の背景を考える上では、社会環境の変化が、子どもたちの成育環境を変化させたと同時に子どもたちの将来にも多大な影響を与えたことを認識することが重要である。情報技術革新は、子どもたちの成長・発達にまで及び、さらに教育の目標、教育環境にも大きな影響を与え始めている。（中略）とどまることなく変化する社会の中で、子どもたちが希望をもって、自立的に自分の未来を切り拓いて生きていくためには、変化を恐れず、変化に対応していく力と態度を育てることが不可欠である[5]。

　また 2016（平成 28）年 12 月 21 日答申[4]でも、「社会への接続」を重視して、小・中・後期中等（高校）・高等教育（大学など）において、発達の段階を踏まえたキャリア教育を推進する重要性を再確認している。保育者にとっては、幼稚園教育要領等で示される 5 領域の「人間関係」から始まると考えてよい。

　「職業教育」とは、「一定又は特定の職業に従事するために必要な知識、技能、能力や態度を育てる教育」をいうのに対し、「キャリア教育」とは、「一人一人の社会的・職業的自立に向け、必要な基盤となる能力や態度を育てることを通して、キャリア発達を促す教育」のことをいい、ワークライフバランス

などをも含む広い概念である。また、「キャリア」とは、「人が、生涯の中でさまざまな役割を果たす過程で、自らの役割の価値や自分と役割との関係を見いだしていく連なりや積み重ね」のことをいい、「キャリア発達」とは、「社会の中で自分の役割を果たしながら、自分らしい生き方を実現していく過程」をいう。

（2）キャリア教育の背景となる生きる力

　このキャリア教育の背景にあるのが「生きる力」であり、文部科学省は次のように示している。

　　　変化の激しいこれからの社会を生きるために必要な、①基礎的な知識・技能を習得し、それらを活用して、自ら考え、判断し、表現することにより、さまざまな問題に積極的に対応し解決する力（確かな学力）、②自らを律しつつ、他人とともに協調し、他人を思いやる心や感動する心などの豊かな人間性（豊かな人間性）、③たくましく生きるための健康や体力など（健康・体力）[6]。

　なお、専門職養成では大学等への進学時に職業が決まってしまうため、特に「高大連携」が大切である。また、大学等でも、「キャリアガイダンス（社会的及び職業的自立を図るために必要な能力を培うための体制）」が大学設置基準等で義務づけられており、卒業後は「社会教育」へとつながっている。

4.　教育と個人情報保護

（1）教育現場で個人情報と関係する法律

　学校現場では、出席簿（保存期間5年）、指導要録（学籍部分：同20年、指導部分：同5年）、健康診断表（同5年）をはじめ、各教諭が取り扱う試験の結果など、生徒や保護者などのプライバシーや個人情報を含む多くの書類を取り扱う。個人情報の取り扱いは、一般的には個人情報保護法に服するが、「行政機関の保有する個人情報保護に関する法律」や「独立行政法人等の保有する個人情報の保護に関する法律」や地方公共団体の条例による場合もある。

（2）　個人情報保護法の概要

　個人情報保護法にいう個人情報とは、いくつかの要件があるが、「生存する個人に関する情報であり、氏名や生年月日、住所、電話番号などの記述により特定の個人を識別できるもの」をいい、「他人にみだりに知られたくない情報かどうか」で判断されるプライバシーより一般的には広い。プライバシー侵害に該当する場合には、個人情報保護法とは別に、民事責任（損害賠償）や刑事責任（刑法の名誉棄損罪）や行政責任（懲戒処分など）を負うことがある。また、氏名や出席番号等は、プライバシーにはあたらなくても、個人情報には該当する。

　個人情報保護法では、民間事業者全般を「個人情報取扱事業者」とし、取り扱う対象を①個人情報（例えば名刺１枚など）、②個人データ（個人情報データベース等、例えば名刺を整理した状態）、③保有個人データ（６か月以上継続利用する場合）の３層構造で定めている。もっとも広い①の「個人情報」に該当すると、「利用目的の特定」「利用目的による制限」「適正な取得」などの義務が課せられる。②の「個人データ」になると、「正確性の確保」「安全管理措置」「従業者の監督」「委託先の監督」「第三者提供の制限」などの義務が課せられる。さらに③の「保有個人データ」になると「公表等」「開示」「訂正等」「利用停止等」についての義務が加重される。

（3）　2015（平成27）年の個人情報保護法改正

　2015（平成27）年の改正では、本人の人種、信条、社会的身分、病歴、犯罪の経歴や害を被った事実、その他本人への不当な差別、偏見、不利益が生じないように特に配慮する事項（「要配慮個人情報」）について、原則として本人の事前同意を必要とし、オプトアウトの方法（希望しない場合のみチェックをする）を認めないなど、保護を厳格化した。同時に情報の利活用と個人情報保護を同時に進めるため、「匿名加工情報」に関する規定を新設している。

　いずれにしても、幼稚園教諭、保育教諭、小中高の教諭を志す者は、プライバシー侵害や個人情報保護法の内容を熟知するとともに、個人情報等の取り扱いは最小限にするよう心がけることも必要である。

引用文献

1) 橋本勇人 編『保育と日本国憲法』みらい、2018 年、p.19
2) 最判昭和 51 年 5 月 21 日
3) 最判平成 2 年 1 月 18 日
4) 文部科学省「幼稚園、小学校、中学校、高等学校及び特別支援学校の学習指導要領等の改善
   及び必要な方策等について（答申）」
   https://www.mext.go.jp/b_menu/shingi/chyukyo/chukyo0/toushin/1380731.htm（2020
   年 2 月 4 日確認）
5) 文部科学省「今後の学校におけるキャリア教育・職業教育の在り方について（答申）」
   https://www.mext.go.jp/b_menu/shingi/chyukyo/chukyo0/toushin/1315467.htm（2020
   年 2 月 4 日確認）
6) 文部科学省「生きる力」（保護者用パンフレット）
   https://www.mext.go.jp/a_menu/shotou/new- cs/pamphlet/_ icsFiles/ afieldfile/20
   11/07/26/1234786_1.pdf（2020 年 2 月 4 日確認）

第 3 章
発達と心理学

1. 発達を捉える視点

　発達の経過は、その水準が異なる段階を経て進行するとされる。これを発達段階と呼ぶ。発達段階には、発達の水準がほとんど変わらない平らな部分がある。この部分は発達における「段階（ステージ）」と呼ばれ、その個数や捉え方は研究者によってさまざまである。

（1）エリクソン説

　アメリカの心理学者エリクソンが発案した発達段階の仮説をエリクソン説と呼ぶ。エリクソン説は発生学の知見である漸成説を下敷きにして発案された。漸成説は「生物の形態および構造は、その時々の環境のもと、今までにあったものの上に積み重ねて漸次形成される」という考え方である。エリクソンは漸成説を念頭に置き、発達のプロセスは、その時々の環境（人間関係・社会・文化）のもと、各段階の積み重ねによって徐々に形成されると仮定した。エリクソン説では生涯にわたって8段階が想定されている（表3-1）。

　エリクソン説で最も着目すべきポイントは、各段階に課題が設定されていることである。この課題は将来の環境（人間関係、社会、文化）に適応するために、その段階の時期に直面する環境との関わりの中でクリアすべきものとされる。8つの段階があるので課題も8種類が想定されるが、頻繁に注目される課題として乳児期の基本的信頼、青年期の自我同一性、成熟期の自我統合がある。

表 3-1　エリクソンの発達段階説

段階	課題
Ⅰ　乳児期	基本的信頼
Ⅱ　早期児童期	自律性
Ⅲ　遊戯期	自発性
Ⅳ　学齢期	勤勉
Ⅴ　青年期	自我同一性
Ⅵ　初期成人期	親密さ
Ⅶ　成人期	生産性
Ⅷ　成熟期	自我統合

　乳児期の基本的信頼とは、主に親からの養育経験を通して、周囲への信頼感を身につけるという課題である。青年期の自我同一性は、「自分とは何だ？」「これからどうして生きていくのだ？」「どんな職業についたらよいのか？」といった問いを通して、「これこそが本当の自分だ」という実感を得るという課題である。そして成熟期の自我統合は、人生の終盤にあって、それまでの来し方を総まとめするという課題である。

　上記のような課題に各段階で直面し、それをクリアすることで次の段階に進んでいく。また、課題を十分にクリアすることが、次の段階における課題のクリアのしやすさに影響するとされる。つまり、現在の段階におけるクリアの程度をベースにして、次の段階の課題に向き合うことになるということである。例えば、乳児期の基本的信頼を十分にクリアすれば、次の段階の課題である自律性はクリアしやすくなるし、そうでなければ、クリアしづらくなる。課題のクリアの程度に応じて直後の段階における状況（課題への向き合い方）が決定され、心の変化は形成される。この点が、エリクソン説が漸成説を下敷きにしているゆえんである。

（2）ピアジェ説

　スイスの心理学者ピアジェが考えた発達段階説をピアジェ説と呼ぶ。エリクソン説が、生まれてから死ぬまでの人生全般に8段階を想定した説であったのに対し、ピアジェ説は高校生になるまでの時期に、4段階を想定した発達段

階説である（第2節参照）。また、ピアジェ説は、特に、ものの見方や考え方、つまり認知の発達に焦点を当てて発案された。

2. ピアジェ説からみる子どもの発達過程

　長年の研究から、子どもの発達過程には一定の道すじが確認されている。保育者として子どもに関わる際は、その時点での子どもの発達を理解し、そこからより良い方向に発達を促す関わりが必要になってくるため、子どもの発達過程を把握しておくことは非常に重要である。

（1）感覚運動期（0〜2歳）

　赤ちゃんを含む2歳までの子どもは、「感覚」を通して周囲の環境から刺激を受け、「運動」することで身の回りのものに働きかけていくことから、この時期は感覚運動期と命名された。ピアジェは、物事を判断する枠組みを「シェマ（スキーマ）」と名づけ、既存のシェマで物事を理解することを「同化」、既存のシェマを作り替えて物事を理解しなおすことを「調節」と呼んだ（図3-1）。この時期は、同化と調節を繰り返す中で、さまざまなものごとを学んでいく時期であると言える。

　このようなシェマの多様化の中で、子どもは「対象の永続性」を獲得する。これは、目の前で隠されたものが、その場に存在し続けていることを認識する

図3-1　同化と調節の例

力である。具体例として、"いないいないばあ"の遊びがこれに当たる。対象の永続性を獲得した子どもは、大人が顔を手で隠していても、目を輝かせて大人の手が開くのを待っている。これは、顔を隠している手の向こう側に大人の顔があることを推測している姿にほかならない。このようにして、目には見えなくても、頭の中である程度のイメージを思い描くこと（表象能力）ができるようになってくる。

また、この時期には、赤ちゃんが指吸いをしたり、ハイハイができる子どもが何度もタンスの中の衣服を取り出したり、一人座りができる子どもがスプーンをテーブルで打ち鳴らしたりなど、何度も同じことをする姿が見られる。これを「循環反応」といい、操作による結果（例："指を吸うこと"による"指に伝わる感覚"）を自分で確かめている重要な姿であるため、可能な限り保障したい。

（2） 前操作期（2〜7歳）

この時期の子どもは、感覚運動期で獲得した表象機能をもとに、ある物を他の物として扱う「象徴機能」を発達させていく。例えば、積み木を車や電話に見立てたり、おもちゃのフライパンであたかも本当に料理を作ったりしながら遊ぶことができるのは、この象徴機能が大きな役割を果たしているのである。

また、独特なものの捉え方が顕著になる時期でもある。表3-2に示すとおり、子どもが自分を中心に世界を理解している姿から、ピアジェはこの時期の特徴を「自己中心性」と名づけた。

表3-2 前操作期の子どもの独特なものの捉え方

	説明	具体例
①実念論	空想上のことが現実世界に存在していると考えること	ヒーロー戦隊○○がきっと助けに来てくれるよ！
②人工論	世の中のものはすべて人間が作ったものであると考えること	この海は誰がつくったんだろう？
③フェノメニズム	見かけに惑わされてしまうこと	おままごとの目玉焼きを実際に噛んでみる
④アニミズム	身の回りのすべてのものに命があると考えること	自動販売機さん、暑いのにお疲れさま！

　一方で、最近の研究では、他者に自分を置き換え、他者が思っていることを推測する力が、4歳になってから芽生えてくることが明らかになってきた。この力は、プレマックとウッドルフが提唱した「心の理論」という心的機能である。例えば、子ども同士のおもちゃの取り合いの場面で、おもちゃを取ろうとした子どもが相手をたたき、たたかれた子どもが泣いてしまったとする。このトラブルの仲裁方法として、「たたかれた人の気持ちになってごらんなさい！」という指導は、心の理論を獲得する4歳以降の子どもにしか通用しないのである。

（3）具体的操作期（7〜11歳）

　主に小学校時代がこの時期に当たる。物事を自己中心的な判断（直観）で理解していた子どもが、具体的な出来事を用いると客観的な判断ができるようになってくる（脱中心化）。こうした思考の代表的なものが「保存の概念」の獲得である。

　例えば、2本の缶ジュース（同量）のうち、1本は背の高いコップに、もう1本は背の低いコップに注いだとする。未就学児（前操作期の子ども）であれば、見た目に惑わされて「こっちのコップの方が多い（少ない）！」と判断してしまうが、具体的操作期の子どもは「元の2本の缶ジュースは同量だったから、コップの形は変わっても、ジュースの量は同じ！」と答えることができるようになる。また、このような具体例であれば、「注いだジュースを元の缶に戻せば、2本とも同じ量だ」といった逆の考え方を、頭の中で思い描くことができるようになる。これを「思考の可逆性」という。

（4）形式的操作期（11歳〜）

　小学校高学年から中学生以降、世界の認識はより高度に、客観的に発達していく。一例として、「仮説演繹的思考」がある。これは、「A国はB国より人口が多い。B国はC国より人口が多い。したがって、A国とC国では、A国の方が人口が多い」という論理展開を、頭の中で行うことである。このように、これまでは具体例に基づいた論理的思考が中心であったが、少しずつ抽象的な概念を組み合わせながら物事を理解できるようになってくる。

第 4 章
学習と教育場面の心理学

1. 2種類の条件づけ

　学習によって私たちの心には変化がもたらされる。この学習について心理学では私たちに生得的に（生まれつきに）備わっている反射と感受性[1]を基礎にすると考える。反射にはさまざまな種類があるが、ある刺激が与えられたときに自身の意図とは関係なく反応するという特徴は共通している。一方、感受性の特徴には、身の回りの環境の中で快い状況、もしくは不快な状況を監視するセンサー機能が挙げられる。さらに、快い状況のものを見つけたときに、その快い状況へ接近するためのアクセル機能と、不快な状況を見つけたときにそれを回避するためのブレーキ機能も感受性の特徴である。

　反射または感受性という生得的なシステムを基礎にした学習のしくみを条件づけといい、前者は古典的条件づけ、後者は道具的条件づけという。

条件づけの前提

　古典的条件づけ及び道具的条件づけについて解説するために、まずは2つの前提を述べる。一つは、条件づけが行われる際の周囲の環境を S（Stimulus：刺激）とし、S と反射または感受性が関連して生起する私たちの行動を R

---

[1] 感受性は BIS/BAS（Behavioral Inhibition System/Behavioral Approach System）のことを指す（Caver & White, 1994）。

（Response：反応）とすることである。古典的条件づけ及び道具的条件づけの過程は両方ともＳとＲで記述されるため、学習の心理学はS-R 心理学と呼ばれることもある。

　もう一つの前提は、学習による心の変化をＳ経験とＲ頻度の変化で表現することである。先ほど、古典的条件づけ及び道具的条件づけの過程はＳとＲで記述できると述べた。これはＳを経験した（または、しなかった）ときのＲの頻度を記述するということである。またそのうえで、2つの条件づけによる心の変化は「Ｓ経験」と「Ｒ頻度の変化」で表される。

2.　古典的条件づけ

（1）　枠組み

　古典的条件づけでは反射に着目する。この反射において、古典的条件づけを説明するためによく取り上げられるのは「だ液反射」である。だ液反射は食べ物を口に含むと、だ液が分泌されるという不随意の働きである。なお、この働きは私たちだけでなくイヌでも観察される。もともと、古典的条件づけは、ロシアの生理学者パブロフによるイヌのだ液反射に着目した実験で初めて観察された。

　だ液反射はＳとＲによって記述できる。すなわち（口の中で経験される）食べ物がＳで、食べ物によってだ液が分泌されるのがＲである。以降では、だ液反射による古典的条件づけを1）から4）のステップに分けて説明する。

1）　食べ物：無条件Ｓ　→　だ液：無条件Ｒ

　先ほど、「食べ物がＳで、だ液が分泌されるのがＲ」と述べた。これで間違いではないが、詳細には反射において食べ物等の刺激は無条件Ｓ、そして、無条件Ｓによって頻度に変化が生まれるだ液分泌などの反応を無条件Ｒという。反射におけるＳとＲの関係は生得的に、つまり無条件にイヌ、そしてヒトに備わっているので、無条件Ｓ、無条件Ｒとされるのである。

2）無条件Sに「メトロノームの音：中性S」を繰り返し対提示する

次に、無条件Sである食べ物を口の中に含むときに（食べ物を経験したときに）、メトロノームの音を繰り返し聞かせた（経験させた）とする。ここで、メトロノームの音は中性Sと呼ぶ。なぜ中性なのかといえば、本来メトロノームの音はだ液分泌などの無条件Rとニュートラルな関係、つまり中立的だからである。音を聞くだけで生得的にだ液が分泌されるイヌもヒトもいない。

なお、中性Sはベルの音やライトの光でもよい。また、中性Sを無条件Sと繰り返し経験させることを対提示という。

3）中性S → 無条件R

2）では、中性Sと無条件Rの関係は中立的であると述べた。ただし、この中立的な両者が対提示の後には無関係ではなくなる。つまり対提示を行うと中性Sであるメトロノームの音を聞くだけで、無条件Rであるだ液分泌の頻度が増大するようになる。

4）条件S → 条件R

対提示の結果、無条件Rの頻度を高められるようになった中性Sは、無条件Rと中立的とはいえない。そのため、このときの中性Sは条件Sと言い替えられる。また、中性S（条件S）でその頻度が高まった無条件Rも、無条件Sでその頻度が増大していた以前の反応とは異質といえる。よって、このときの無条件Rも条件Rと言い替えられる。条件Sと条件Rの関係は、古典的条件づけの成果といえる。

さて、1）と4）を比較したときの変化は何だろうか？ 無条件Rと条件Rは両者ともだ液分泌である。では、無条件Sと条件Sはどうか。前者は食べ物、後者はメトロノームの音である。つまり、対提示の後は、食べ物ではないメトロノームの音でも、だ液分泌の頻度が増大するようになった。ここに「S（メトロノームの音）経験」と「R（だ液分泌）頻度の変化」が認められ、古典的条件づけによって心が変化したと考える。

（2）　教育場面への応用 — 児童虐待による PTSD を読み解く —

　古典的条件づけに対する理解をより深めるために、児童虐待による PTSD を取り上げる。PTSD は心的外傷後ストレス障害（Post-Traumatic Stress Disorder）の略語であり、大災害や大事故などの過酷な体験をした後に現れる種々の不調な症状のことである。

　PTSD の主要な症状にフラッシュバック（再体験）がある。フラッシュバックのエピソードには、「地震で家に閉じ込められた体験がその後も思い出され、その家に住めなくなった」や、「電車通勤時に脱線事故に巻き込まれた後は、警報器の音を聞くだけで当初の状況を思い出してしまい、怖くて電車に乗られなくなった」などが挙げられる。このようなフラッシュバックの生起は古典的条件づけによって説明できる。私たちには生得的に恐怖反射[2] が備わっている。恐怖反射は、立ちすくむ、腰が抜けるといった恐怖反応と、恐怖反応を導く過酷な環境にあたる嫌悪刺激で表される。なお、嫌悪刺激は無条件 S、恐怖反応は無条件 R である。

　さて、PTSD は児童虐待によっても生じることが知られている。児童虐待は主に親から子どもへの暴力や暴言等の行為であり、子どもには過酷な体験となる。最も親しいはずの大人から一方的に身体的、心理的苦痛が与えられ、また未熟であるがゆえに抗うこともできない状況で、子どもは怖さに震えながら耐えるしかない。

　児童虐待において「暴力」「暴言」は「嫌悪刺激」、そして「怖くて震える」は「恐怖反応」にあたる。また「暴力」「暴言」は無条件 S であり「怖くて震える」は無条件 R でもある。そして、児童虐待を受けた子どもはその与え手である大人から嫌悪刺激がもたらされている。このときに嫌悪刺激は大人と対提示されたことになる。そのため、被虐待児は、その後の社会生活において大人との関係性に困難が生じてしまうことが多い。虐待者以外の大人であっても、対話中に急に泣き出したり、表情がなくなって硬直したりして、コミュニケーションが取れなくなる。

2　恐怖反射という学術用語はないが，解説の便宜上、ここでは使用した。

　本来、虐待者となる大人は例外である。ほとんどの大人は子どもの未熟さを
わきまえた態度をとり、子どもの恐怖反応とは中立的な存在、つまり中性刺激
といえる。しかし、被虐待児にとって大人は恐怖反応を導く条件刺激になって
しまうため、虐待者ではない大人でも恐怖反応の頻度が増える原因となり、恐
怖反応をフラッシュバックしてしまう。なお、嫌悪刺激による古典的条件づけ
は、対提示の回数が少なくても成立することが知られている。

　被虐待児の PTSD 及びフラッシュバックには治療が必要である。この治療
方法を古典的条件づけの枠組みから検討すると、大人の存在を条件刺激から中
性刺激に戻す取り組みが有効と考えられる。例えば、恐怖反応（身体の硬直）
が出現するときに、それと拮抗する弛緩を導く段階的なリラクゼーションの
動作を行うことは PTSD の治療法として効果的である。大人を目の前にして
恐怖反応が出現する状況をその強度で階層化した後に、強度の小さい状況から
体を緩める動作を順次行い、恐怖反応が消失する体験を積み重ねる。最終的に
強度が大きい状況でも恐怖反応が消失できれば条件刺激は中性化されており、
PTSD 及びフラッシュバックは改善されたと考えられる。

3. 道具的条件づけ

（1）　枠組み

　道具的条件づけという学習のしくみでは、私たちの生得的な感受性に着目す
る。第 1 節で感受性にはいくつかの機能があると述べた。まず身の回りの環境
の中から快い状況、または不快な状況を監視するセンサー機能があり、さらに
はセンサーが環境の中から快い状況、もしくは不快な状況を見つけたときのア
クセル機能、ブレーキ機能もある。ここで、快い状況を快 S（または、正の強
化子、好子）、不快な状況を不快 S（または、負の強化子、嫌子）という。よっ
て、例えば快 S には「人から褒められる」という状況が、不快 S には「人か
ら怒られる」という状況が挙げられる。また、道具的条件づけはヒト以外の動
物でも成立するため、快 S を「報酬」、不快 S を「罰」と呼ぶこともある。

　さて、感受性によって快 S が発見されたら、私たちは R 頻度を増大させて

（アクセルを踏んで）快Sに接近する。一方、感受性によって不快Sが発見されたら、私たちはR頻度を減少させて（ブレーキを踏んで）不快Sを回避する。このように、快Sを発見してR頻度が増大することを強化、不快Sを発見してR頻度が減少することを弱化と呼ぶ。また、その頻度が増大、または減少するRには、快S、不快Sを発見した際の行動、すなわち反応が該当する。

　強化と弱化にはそれぞれ正と負が想定される（図4-1）。正には快Sまたは不快Sの提示、負には快Sまたは不快Sの除去が対応している。本節では正の強化と正の弱化に焦点を当てて解説を進める。また以下では「正の」は省略して記述する。

快、不快Sの操作

	提示	除去
快 S	正の強化 反応頻度 増大	負の弱化 反応頻度 減少
不快 S	正の弱化 反応頻度 減少	負の強化 反応頻度 増大

図 4-1　強化と弱化の種類

　先ほど、「人から褒められる」ことが快Sになると述べた。例えば「そのシャツ、似合っていますね！」という褒め言葉は快Sといえる。そして「そのシャツ、似合っていますね！」と言われた当人の感受性は、それを感知してアクセル機能を作動させ、（以前よりも）「そのシャツを着る」というRの頻度を増大させる。このような快S経験とR頻度の変化が強化である。また「人から怒られる」ことは不快Sになると述べた。例えば「私語をしてはいけない！」

という叱責は不快Sといえる。そして「私語をしてはいけない！」と言われた本人の感受性は、それを感知してブレーキ機能を使い、（以前よりも）「私語をする」というRの頻度が減少する。このような不快S経験とR頻度の変化が弱化である。

なお、強化または弱化による反応頻度の変化は、自身の感受性（のアクセル機能またはブレーキ機能）による自発的な働き（operate：オペレート）であることから、道具的条件づけにおける反応はオペラント（operant）反応と呼ばれる。

（2）教育場面への応用 ── 不登校を読み解く ──

道具的条件づけの理解を深めるために不登校の修正を取り上げる。ただし、あくまでも道具的条件づけの説明をするための例であり、実際に不登校を修正するには、慎重かつさまざまな角度からSを見極めてアプローチしなければならない。

不登校は文字どおり、学校に行かない行動パターンのことである。この行動パターンを道具的条件づけの強化の観点から捉えると、感受性によって快Sが発見され、「学校に行く」というRの頻度が増大することがまったくない状態と言える[3]。不登校になった子どもの立場で言えば、自身の感受性を機能させて「学校に行く」という自発的な反応のきっかけとなる快Sを周囲の環境に見つけられない、となる。だから「学校に行く」という反応頻度がゼロになってしまった。例えば、不登校に至るまでに、身近な環境にいる親から「今日も学校、お疲れさま」とか、「今回のテストも頑張ったね」といった声かけが見当たらないために子どもの感受性は機能せず、徐々に学校に行く回数が減っていったと推測できる。

よって、不登校を修正する手段には、親が子どもに対し快Sを積極的に提示することが挙げられる。不登校になったわが子を徹底的に褒める。「学校に行く」という反応に結びつきそうな行動はすべて褒める。「定時に就寝する」

---

3 この状態では、「負の弱化」が起こっていると言える。

「朝、自分で起きる」「朝ご飯を食べる」等の行動は、学校に行くという反応の
きっかけとなる可能性を秘めているので褒める。このような快Sの提示を継
続していると、そのうちに不登校児の感受性が作動して「学校に行く」反応の
頻度を増大させるアクセルが踏まれ、結果として学校に行けるようになること
が期待できる。

　また、不登校を弱化の観点から捉えると、感受性によって不快Sが発見さ
れ、「学校に行く」というRの頻度が減少してなくなった状態と言える。子ど
もの立場で言えば、自身の感受性が機能して「学校に行く」という反応を控え
させる不快Sが学校にあるため不登校になったのだ。ある意味、不登校はそ
の子どもの感受性が正常に機能した成果といえる。このようなケースでは、ま
ずは学校における不快Sを具体的に同定するのが行動修正のために不可欠で
ある。加えて、不快Sに同級生の人間関係（友人間の不和、いじめなど）が
関連する場合は、慎重にその改善に努めなければならない。不快Sが除去さ
れると感受性は登校反応のブレーキを踏む必要がなくなり、不登校は改善され
ると考えられる。

4.　学習と社会的環境

（1）　学習観の発展

　まず、教育学における学習とは何かという言葉について検討してみよう。教
育学の歴史は、早期にはギリシャ時代のアテナイの教育から一般的には始まる
が、その学問の歴史において子どもという概念が初めて意識されたのは 18 世紀
になってからである。J. J. ルソーが初めて子どもの権利や自己存在を主張した。
それ以前のイギリスにおいて、J. ロックという哲学者は、経験主義哲学と称さ
れるように、経験哲学の最初の提唱者で、彼の教育論によれば、人間の頭脳は
白紙で外部から取り入れる「経験」によってのみ発達すると考えることが最も
合理的であるとした。それまでソクラテスの産婆術、フレーベルの子どもの神
性、J. J. ルソーの子どもの善性を科学史上において具体化して見せた。この
「経験」こそが、広い意味での人間の学習や教育の基礎を形成することになる。

　初期の社会学者たちは、パーソナリティー形成の中心に「自我とは何か」に関心を抱き、教育学に社会科学的な接近法で理論化や実証化を試みた。その代表的な社会学者として、ミシガン州立大学教授のC.H.クーリーが挙げられる。彼は、鏡という日常的な生活器具を通じて「鏡に映った自我」という概念を使って、他人（鏡）との相互作用を通じて社会的自我が発達することを主張した。彼の同僚であったG.H.ミードは、さらに「自我」と「他我」という専門用語を媒介として、子どもの相互作用を通して社会的自我が形成されると主張した。これが自我形成という学習の根源を形成するのである。ミードは、J.デューイにシカゴ大学に招かれ、彼の経験学習に関する研究に多大な影響を及ぼした。周知のようにこれらの「経験」という学習は、20世紀最大の教育理論である。とりわけ幼児教育においては「遊び」を通じての経験とより良き「環境づくり」が、幼児期におけるアクティブ・ラーニングの重要なキーワードになるのはそのためである。

（2）教育・学習の社会的・伝統的な意味と範囲

　以上のように、教育・学習という概念は、経験という社会科学的な意味で解釈することが可能である。その場合、教育とは、そもそも行為の主体が教師にあることを示唆する言葉であるのに対して、学習という言葉は学ぶ主体が子どもの側にあることを示唆する。ここでは、学習という概念について検討してみよう。

　上記のように、学習は経験を通じて成立するが、この経験とは、私たちの日本的生活習慣から考えると、その意味と範囲はきわめて広範囲になる。例えば、影響、感化、相互作用、私淑、訓練、修養（修行）などである。影響や感化には学習しようという意志は存在しないが、結果として大きな教育・学習効果がある。また相互作用を通しての教育効果もきわめて大きい。友だちづき合いや親、あるいは先生との関係といった授業以外の影響力はこうしたところで発揮される。先生と子どもにはこうした教育意思の存在有無に関係なく教育的効果が存在することになる。これに対して後半の私淑、訓練、修養（修行）という経験は、幼児期というより青年期以降の発達段階での学習効果が大きい。

このレベルに到達すると、日本の柔道、剣道、華道、茶道、……文武両道といった各界の用語が存在するように、自らの道を究めることが最高の「自己教育学習」となる。

　幼児教育はその端緒を担い、かつ基礎基本を形成する教育学習なのである。そのためには、古き師範教育に代わる良き「教師道」が要請されるのである。いずれにしても、こうした教育や学習は、対人間、対自然、対社会といった環境を通じて促進される。こうした意味で、幼児教育における環境づくりとその設定のあり方が、幼児の遊びという経験による学習に深く関わるのである。

第 5 章

特別な配慮を要する子どもの理解と教育的支援

1. 特別な配慮とは

　近年、さまざまな配慮を要する子どもに対する理解と支援の実施が各現場に求められている。幼稚園教育要領第 1 章総則第 5 節「特別な配慮を必要とする幼児への指導」には、その内容として「1. 障害のある幼児などへの指導」及び「2. 海外から帰国した幼児等の幼稚園生活への適応」について記載がある。

　2007（平成 19）年「特別支援教育の推進について（通知）」では、特別支援教育について、次のように、その理念が挙げられている[1]。

> 　障害のある幼児児童生徒の自立や社会参加に向けた主体的な取組を支援するという視点に立ち、幼児児童生徒一人一人の教育的ニーズを把握し、その持てる力を高め、生活や学習上の困難を改善又は克服するため、適切な指導及び必要な支援を行うものとする。

また、その対象については、次のように示されている[1]。

> 　これまでの特殊教育の対象の障害だけでなく、知的な遅れのない発達障害も含めて、特別な支援を必要とする幼児児童生徒が在籍する全ての学校において実施されるものである。

幼稚園教育要領解説には、こうした障害のある子どもへの指導について、「その幼児の障害の状態や特性及び発達の程度等（中略）に応じて、発達を全体的

に促していくことが大切である」として、障害の十分な理解に応じた指導により、子どもの全般的な発達を進めていくことが必要であると示されている[2]。幼稚園教諭・保育教諭をめざす学生は、まず子どもの理解者となるために障害についての正しい理解を獲得するとともに、その子どもの問題にだけ焦点を当てるのでなく、全般的な発達を促していくという目的のための指導上の工夫について学習を進めていく必要がある。

　このように障害のある子どもへの理解と支援は、特別支援教育の基本となるものであるが、一方で特別な配慮を要する子どもは障害のある子どもだけに限られるものではない。

　教員免許法の改正に基づき、2019（平成 31）年度以降の入学者で教職課程を希望する学生に対しては、「特別な支援を必要とする幼児、児童及び生徒に関する理解」に関する科目が必修となった。この科目について教職課程コアカリキュラムで示された内容には「(3) 障害はないが特別な教育的ニーズのある幼児、児童及び生徒の把握や支援」が示され、その到達目標の中に「母国語や貧困の問題等により特別な教育的ニーズのある幼児、児童及び生徒」が含まれている。外国籍の子どもや貧困家庭にある子どもの増加が見込まれる現在において、こうした子どものニーズについても学んでおく必要がある。

　このように、現在は特別な配慮を要する子どもの理解と教育的支援について学ぶことがより重要なものとなっている。さらにその先には、これまで十分に社会参加ができる環境になかった障害者らが、積極的に参加・貢献していくことができる「共生社会」をめざすことが重要である。そのため誰もが相互に人格と個性を尊重し合い、それぞれの多様さを認め合う姿勢を持つことが必要である。こうした「共生社会」をめざす一環として、特別な配慮を要する子どもが受け入れられ、誰もが学び、育つことができる「インクルーシブ教育・保育」に向けての取り組みが各地で行われている。

2. 障害のある子どもの理解と支援

　障害のある子どもへの理解と支援を行ううえで、障害自体の多様さについて知る必要がある。障害の種類は多岐にわたり、またそれぞれ程度も違う。障害の種類として、従来の特殊教育の対象であった視覚障害、聴覚障害、肢体不自由、知的障害、病弱・身体虚弱、言語障害、情緒障害に加え、特別支援教育の対象として新たに LD（特異的学習症）、ADHD（注意欠如多動症）、自閉スペクトラム症などの発達障害が加えられている。

　もちろん障害の知識だけで理解や支援ができるわけではない。幼稚園教育要領解説では、特別支援教育における視点として重要なことを次のように示している[3]。

> 　一人一人の障害の状態等により、生活上などの困難が異なることに十分留意し、個々の幼児の障害の状態等に応じた指導内容や指導方法の工夫を検討し、適切な指導を行うこと。

　一人ひとりの子どもの理解が何よりも重要であり、各障害がその子どもに及ぼす影響について十分な観察に基づき検討される必要がある。

　こうした障害理解やそれに基づく支援の検討を十分に実施するためには、障害を構造的に捉える視点が必要である。そのために押さえる必要があるのが、2001（平成13）年5月の WHO 総会で採択された「国際生活機能分類（International Classification of Functioning, Disability and Health：ICF）」（図 5-1）である。

　ICF では障害のみに着目せず、生活機能という視点で個人の状況を把握する。生活機能は単一のものではなく、「心身機能・身体構造」「活動」「参加」という3つの次元で示される。私たちは子どもを理解するうえで、その障害がどのような「活動」を制限しており、そのために「参加」がどのように妨げられているのかということを考える。そして支援を考えるうえでは、「活動」制限の改善・克服のために、子どもに適した指導目標やその工夫を考えること

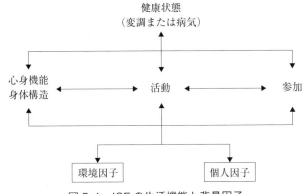

図 5-1　ICF の生活機能と背景因子
出典：厚生労働省「ICF の構成要素間の相互作用」(2002)[4]

と、そのような制限の配慮を取り入れることで、どの子どもも「参加」できる指導・保育を考えることが必要である。特に ICF ではこうした制限に影響を与える要素として「環境因子」という観点が加えられている。これにより「活動」や「参加」の制限を個人の障害のみに起因させるのでなく、適切な指導や環境などの整備を図ることの必要性を強調している。このように、障害のある子どもの理解と支援は、ICF に基づき重層的に検討されることが必要となる。

　さらに「環境因子」を考えるうえで、障害のある子どものみに視点を当てるのでなく、その子どもを取り巻く環境となる他の子どもを含めた人間関係づくりに努めることも重要である。誰もが受け入れられ、認められるクラスづくりをめざす必要がある。

　また改善・克服をめざしながらも、同時に障害は子どもの発達に持続的に影響を与えるものでもある。個々の子どもの理解や配慮は全職員で共通理解し、その連携のうえで、継続的に実施される必要がある。一人ひとりに対する支援目標の設定や関連機関を明らかにする「個別の支援計画」、及び個々の実態に応じた適切な指導について記入される「個別の指導計画」を作成し、全職員が共通理解に基づいて支援を行っていくことが、障害のある子どもへの支援では必要である。

3. 貧困家庭の子どもの理解と支援

　子どもが直面する生活困窮や貧困による教育機会・将来設計の格差など、子どもが生まれ育った家庭や世帯の貧困の影響による不利とその連鎖が社会的課題となっている。

　貧困には、「絶対的貧困」と「相対的貧困」という2つの概念がある。大原（2018）によれば、「『絶対的貧困』とは、生存するために必要な栄養や食事、衣服などを満足に得ることができず、生きることさえもままならない状態」[5]である。一方、「『相対的貧困』は、経済的な理由でその国もしくは社会の大多数の人が享受している“普通の生活”を送ることができない状態」[5]である。戦後日本では「絶対的貧困」が社会的課題であったが、現代では「相対的貧困」が課題の本質となっている。

　「平成28年　国民生活基礎調査の概況」[6]（厚生労働省、2017）によると、「子どもがいる現役世帯（世帯主が18歳以上65歳未満で子どもがいる世帯）の世帯員」の相対的貧困率（所得中央値の一定割合（貧困線）を下回る所得しか得ていない者の割合）は12.9％であり、「子どもの貧困率（子ども全体に占める、貧困線に満たない子どもの割合）」は13.9％に上っている。実に子どもの約7人に1人が貧困環境の中で生活していることになる（図5-2）。

　相対的貧困に陥る世帯の要因として、①就労状況：雇用の不安定化、低所得化、②生活状況：失業や離婚、疾病等が考えられる。子どものいる世帯のうち、ひとり親世帯の割合は増加傾向にあるが、前出の調査では、ひとり親家庭の相対的貧困率は50.8％に上っていることが報告されている。つまり、子どもの貧困に対する支援には、世帯支援を考えることが最も重要であるといえる。

　また、子どもの貧困は、基本的な生活習慣が身につかなかったり、健康面に課題が生じたりと子どもの生活面へ影響を及ぼすほか、子どもの自尊心や自己肯定感などメンタルヘルスにも影響を及ぼす。これは、2007（平成19）年の国連総会で「子どもが経験する貧困は、子どもの権利条約に明記されているすべての権利の否定と考えられる」[7]とされたように、子どもの権利を侵害して

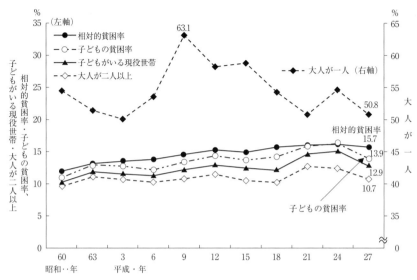

図 5-2　貧困率の年次推移

出典：厚生労働省「平成 28 年　国民生活基礎調査の概況」（2017）[6]

いる状況にある。

　そのようななか、「子どもの貧困」を公的な枠組みの中で対処していくよう、法制度の整備が強く求められ、2013（平成 25）年に「子どもの貧困対策の推進に関する法律」が成立した。子どもの貧困対策を総合的に推進することを目的とし、そのための基本理念や基本となる事項を定め、国や地方公共団体等の責務を明らかにしている。

　さらに、2019（令和元）年に「子どもの貧困対策の推進に関する法律の一部を改正する法律」が成立した。改正後の法律では、目的に①子どもの「将来」だけでなく「現在」に向けた対策であること、②貧困解消に向けて、「児童の権利に関する条約」の精神にのっとり推進することが明記された。また、

基本理念として、①子どもの年齢等に応じて、その意見が尊重され、その最善の利益が優先考慮され、健やかに育成されること、②各施策を子どもの状況に応じ包括的かつ早期に講ずること、③貧困の背景にさまざまな社会的要因があることが明記された。

子どもの貧困対策の推進に関する法律

（目的）

第一条　この法律は、子どもの現在及び将来がその生まれ育った環境によって左右されることのないよう、全ての子どもが心身ともに健やかに育成され、及びその教育の機会均等が保障され、子ども一人一人が夢や希望を持つことができるようにするため、子どもの貧困の解消に向けて、児童の権利に関する条約の精神にのっとり、子どもの貧困対策に関し、基本理念を定め、国等の責務を明らかにし、及び子どもの貧困対策の基本となる事項を定めることにより、子どもの貧困対策を総合的に推進することを目的とする。

（基本理念）

第二条　子どもの貧困対策は、社会のあらゆる分野において、子どもの年齢及び発達の程度に応じて、その意見が尊重され、その最善の利益が優先して考慮され、子どもが心身ともに健やかに育成されることを旨として、推進されなければならない。

2　子どもの貧困対策は、子ども等に対する教育の支援、生活の安定に資するための支援、職業生活の安定と向上に資するための就労の支援、経済的支援等の施策を、子どもの現在及び将来がその生まれ育った環境によって左右されることのない社会を実現することを旨として、子ども等の生活及び取り巻く環境の状況に応じて包括的かつ早期に講ずることにより、推進されなければならない。

3　子どもの貧困対策は、子どもの貧困の背景に様々な社会的な要因があることを踏まえ、推進されなければならない。

4　子どもの貧困対策は、国及び地方公共団体の関係機関相互の密接な連携の下に、関連分野における総合的な取組として行われなければならない。

　この法改正には、2014（平成26）年に制定した「子供の貧困対策に関する大綱」の記載事項の充実等も含まれており、2019（令和元）年に新たな「子供の貧困対策に関する大綱」[8]が策定された。

　大綱では、基本方針、子どもの貧困に関する指標、指標を改善するための重点施策が示されている。分野横断的な基本方針は、以下の４点である。

①　貧困の連鎖を断ち切り、すべての子どもが夢や希望を持てる社会をめざす。

②　親の妊娠・出産期から子どもの社会的自立までの切れ目のない支援体制を構築する。

③　支援が届いていない、または届きにくい子ども・家庭に配慮して対策を推進する。

④　地方公共団体による取り組みの充実を図る。

　また、子どもの貧困対策を総合的に推進するにあたり、施策の実施状況、対策の効果等を検証・評価するため、「生活保護世帯に属する子どもの高校・大学等進学率」「スクールソーシャルワーカーによる対応実績のある学校の割合」「食料又は衣服が買えない経験」「子どもの貧困率」「ひとり親世帯の貧困率」など39の指標が取り上げられている。これにより、2014（平成26）年の25の指標と比べ、貧困家庭の生活実態を子どもとその家族の両面から、具体的かつ詳細に把握することができることとなっている。

　これらの指標により示される子どもの貧困を改善するための重点施策として、①教育の支援、②生活の安定に資するための支援、③保護者に対する職業生活の安定と向上に資するための就労の支援、④経済的支援の４つを中心としたさまざまな施策が示され、妊娠・出産期からの切れ目のない支援、大学等の授業料減免や給付型奨学金による教育機会の確保など、社会全体で子どもの貧困対策を総合的に推進することとされた。

4.　日本語に困難を抱える子どもの理解と支援

　今日、多文化共生への実現が求められているわが国であるが、教育の場においても外国人児童生徒の現状と背景は多種多様な状況であるといえる。文部科学省（以下、文科省）作成の「外国人児童生徒受入れの手引き」[9]には、次のように記されている。

　　平成 2 年（1990 年）の「出入国管理及び難民認定法」（以下「入管法」という。）
の改正、翌 3 年の施行以来、日本に暮らす在留外国人の状況は大きく変化し、そ
の数は急速に増え約 256 万人となっています。また、在留外国人の国籍について
も近年変化がみられ、ベトナム、ネパール及びインドネシアの増加が顕著となっ
ています。さらに、平成 31 年 4 月には、改正入管法が施行されます。将来的に
ますます外国人児童生徒が増加することに備え、受入れ体制の整備や共生社会の
実現に向けた取組が重要となります。

　全国の小中学校や高校などの公立学校で、日本語指導の必要な児童生徒が
2018（平成 30）年度には 5 万 759 人に上っていたことが、2019（令和元）年
9 月 27 日、文科省の「日本語指導が必要な児童生徒の受入状況調査」で明ら
かとなった。2016（平成 28）年度に実施した前回調査より 6,812 人（15.5%）
増加した。そして、日本語指導が必要な児童生徒の内訳は、外国籍が 4 万 485
人（前回調査比 6,150 人増）、日本国籍が 1 万 274 人（同 662 人増）であった。
　調査は全国の公立小中高校や特別支援学校などを対象に、1991（平成 3）年
度以降、おおむね 2 年ごとに実施されており、今回は、2018（平成 30）年 5
月 1 日時点の状況をまとめた。それによると、日本語指導が必要な児童生徒は
前々回の 2014（平成 26）年度調査から急増傾向にあり、2012（平成 24）年度
以降の 6 年間で 1 万 7,575 人も増えたことになる。このうち外国籍の児童生徒
は 4 万 485 人で、前回調査より 6,150 人増加している。母国語別ではポルトガ
ル語が最も多く、全体の 25.7% を占めた。次いで中国語 23.7%、フィリピン語
19.5% などが目立った [10]。
　こうして外国人労働者の受け入れが拡大していくなかで、その外国人労働者
の子どもらの状況は、主として教育機関における日本語の指導が不十分である
ことは明らかである。このまま受け入れを拡大すれば、当然、さまざまな問題
が拡大していくことになる。また、日本では外国籍の児童は就学義務が課せら
れない。この制度的な影響もあり、外国につながりのある不就学の児童は相当
数いると推測されている。しかし、中尾（2019）は、「国の対応は自治体任せ
になっており、その自治体にはかなりのばらつきがあることから、不就学児童
の実態を把握することは非常に困難であり、支援体制の構築も難しい状況であ

る」[11] と述べている。

　こうした状況下では、行政だけでなく地域との連携した体制づくりを進めていくことが重要となる。

引用文献

1)　文部科学省初等中等教育局「特別支援教育の推進について（通知）」2007 年、p.1

2)　文部科学省『幼稚園教育要領解説（平成 30 年 3 月）』フレーベル館、2018 年、pp.124-125

3)　文部科学省『幼稚園教育要領解説（平成 30 年 3 月）』フレーベル館、2018 年、pp.125-128

4)　厚生労働省「ICF の構成要素間の相互作用」2002 年
　　https://www.mhlw.go.jp/houdou/2002/08/h0805-1.html（2020 年 2 月 12 日確認）

5)　大原良 編『貧困の中にいる子どものソーシャルワーク』中央法規出版、2018 年、p.3

6)　厚生労働省「平成 28 年　国民生活基礎調査の概況」2017 年
　　https://www.mhlw.go.jp/toukei/saikin/hw/k-tyosa/k-tyosa1b/（2020 年 2 月 10 日確認）

7)　末冨芳 編『子どもの貧困対策と教育支援 ── よりよい政策・連携・協働のために』明石書店、2017 年、p.44

8)　内閣府「子供の貧困対策に関する大綱」2019 年
　　https://www8.cao.go.jp/kodomonohinkon/pdf/r01-taikou.pdf（2020 年 2 月 10 日確認）

9)　文部科学省総合教育政策局男女共同参画共生社会学習・安全課『外国人児童生徒受入れの手引 [改訂版]』明石書店、2019 年

10)　産経新聞デジタル「日本語指導必要な外国人、過去最多 5 万人超」2019 年 9 月 27 日
　　https://www.sankei.com/life/news/190927/lif1909270026-n1.html（2020 年 2 月 10 日確認）

11)　中尾賀要子「外国籍の児童や LGBT の児童への支援と理解」立花直樹・中村明美・松井剛太・井上和久 編著『障害児の保育・福祉と特別支援教育』ミネルヴァ書房、2019 年、p.269

第 **6** 章
カリキュラムの編成とマネジメント

1. 幼児教育における保育活動等の計画

（1）全体的な計画

　幼児教育における保育活動等の計画として、幼稚園、幼保連携型認定こども園、保育所ともに、「全体的な計画」を作成する必要がある。これは、子どもの保育に関する内容・計画だけではなく、教育時間の終了後等に行う活動の計画、子育ての支援等に関する計画、学校保健計画、学校安全計画、食育の計画等を含むものである。これらの計画が有機的に関連づけられ、園児の園生活全体を捉え、一貫性のある安定した生活をつくり出すことが大切である。

　全体的な計画は、園児の入園から修了までの在園期間の全体にわたり、各園の目標に向かって、どのような道筋で保育を進めていくかを明らかにするものである。具体的には、3歳児クラスから幼児を受け入れている幼稚園にとっては、小学校就学までの3年間の計画であり、乳児から子どもを受け入れている幼保連携型認定こども園にとっては、6年間の計画となる。この全体的な計画に基づき、具体的な指導計画が作成される。

　指導計画は、長期の指導計画と短期の指導計画とに大別される。長期の指導計画は、長期的な視野をもって子どもの発達や生活を見通した大まかな保育の筋道を示した設計図となる。1年を単位とした年間指導計画のほかに、学期や月を単位とした指導計画などがある。短期の指導計画は、長期の指導計画を基にして、その時々の実際の子どもの姿（興味や関心、発達の状態など）を捉え、

より具体的に保育活動案を示したものであり、週案、日案などのことである。長期の指導計画から短期の指導計画へと期間の短い指導計画になるほど、より具体的にねらいや保育活動について示す必要があり、実習において実習生が作成する計画も、この短期の計画である。指導実習の際には、保育で使用する教材や環境構成、遊びの展開、時間などを具体的に示す必要がある。

（2）指導計画の作成と利用

　指導計画を作成するためには、子どもの姿や実態を捉えることが大切である。その実態に応じて、活動のねらいや内容を考えていくことが求められる。計画を作成する際には、活動している具体的な子どもの姿を思い浮かべることにより、環境構成や活動の流れを再考したり、一人一人の子どもに対する援助を具体的に考えたりすることができる。また指導計画は、他者に自分の考えた保育活動について伝える際に有益なものであり、実習時には指導案を通じて、指導担当の先生から指導・助言を受けることができる。また、活動終了後、保育を振り返り、今後の保育について考える際の資料としても有益であり、「保育の計画」「実践」「振り返り」「改善」の行為を繰り返し行うことにより、保育者としての力量を高め、成長へとつなげていくことができる。

　保育者として勤務を始めた後も、指導計画を作成することは大切な業務の一つとなる。保育の計画は、保護者や地域に説明する際の資料としても有益なものであり、保護者や地域の理解や協力を得ることができれば、子どもの園での生活をよりよいものへ高めていくことができる。また、同じ園に勤務する先生方に見てもらい助言を受けたり、他の園の保育者等に保育を公開したりする際などにも利用されるものである。

2. カリキュラムの編成

（1）カリキュラム

　「カリキュラム（curriculum）」は、古代ローマの戦車競争のトラック（走路）を語源としており、「学びの所定のコース」を意味している[1]。また、

「curriculum vitae」は「履歴書」のことであり、カリキュラムは「子どもにとっての学びの履歴」を意味するものでもある。現在では、教育行政が定める教育内容（学習指導要領：course of study）と、各学校において構想され実施される教育の内容（カリキュラム）が区別され、子どもにとっての学習経験の総体という意味を含有している。

（2）　教育課程の基盤となる資質・能力と５領域

　一般に、カリキュラムとは、教育内容を系統だって配置した学習の経路を示すものであり、「教育課程」と呼ばれるものである。この教育課程を編成していくうえで、法令（教育基本法、学校教育法等）に示されている目標や内容、幼稚園教育要領等に示されている内容等を踏まえる必要がある。幼稚園教育要領等においては、生きる力の基礎を育むため、育みたい資質・能力として下記の３つが示されている [2]〜[4]。

---

①　「知識及び技能の基礎」

　豊かな体験を通じて、感じたり、気付いたり、分かったり、できるようになったりする資質・能力

②　「思考力、判断力、表現力等の基礎」

　気付いたことや、できるようになったことなどを使い、考えたり、試したり、工夫したり、表現したりする資質・能力

③　「学びに向かう力、人間性等」

　心情、意欲、態度が育つ中で、よりよい生活を営もうとする資質・能力

　これらの資質・能力は、５領域（領域「健康」「人間関係」「環境」「言葉」「表現」）のねらい及び内容に基づく園での活動全体を通して育まれるものである。５領域のねらい及び内容を踏まえるとともに、各園の教育目標を明確にし、入園から修了までの期間を通して充実した生活が展開できるよう、子どもの心身の発達や地域の実態を考慮した教育課程を編成することが大切である。

（3）カリキュラムの配列

　教育課程に示されるねらいや内容は、園での遊びや生活の経験を通して、徐々に発展的なものとなるよう留意することが大切である。園での遊びや生活のねらいや内容が、その時期に予想される子どもの発達の状態に応じたものであり、子どもの成長を促すものとなるよう配慮したい。また、遊びや生活の経験を通した子どもの成長が、次の時期の遊びや生活のねらい及び内容に有機的、発展的につながっていくよう計画することが大切である。

　入園当初は、それまでの家庭での生活による経験の差が大きい時期であるため、園での1日の生活の流れや環境を工夫することが求められる。一人一人に応じたきめ細やかな関わりを心がけ、遊びや保育者との触れ合いを通して園での生活に親しみ、安定していく時期となるよう配慮することが大切である。友だちとの関わりは、家庭とは異なる多種多様な経験をする一助となるものであり、徐々に保育者や遊びを介して、他の子どもとの遊びや関わりが増えるよう支援していきたい。友だちとのトラブルも、社会で生活するための一歩として、子どもにとって貴重な経験となるものである。自分の気持ちや考えを表現し、お互いの思いや考えが異なることに気づくことができるよう、また、お互いの思いや考えを大切にしつつ、主体的に遊びや生活を進めていくことができるよう丁寧に関わっていくことが求められよう。やがて、複数の子どもやクラス全体で楽しく活動する経験や、共通の目的のもと、工夫したり、協力したりする経験ができるように計画したい。

（4）「幼児期の終わりまでに育ってほしい姿」

　園での生活の修了時には、小学校以降の生活や学習の基盤が育っていることが望ましい。幼稚園教育要領等には、この望ましい姿を、「幼児期の終わりまでに育ってほしい姿」として、10の具体的な子どもの姿が示されている。特に5歳児後半のカリキュラムは、この姿を踏まえて編成することが大切である。なお、ここに示されている具体的な10の姿は、到達すべき目標ではなく、望ましい発達の方向を示したものであることや、すべての幼児に同じように見られるものではないことに留意する必要がある。

「幼児期の終わりまでに育ってほしい姿」は主に5歳児後半の姿であるが、5歳児になる前には4歳児、4歳児になる前には3歳児での経験や成長があるころ。したがって、それぞれの時期にふさわしい経験を通して子どもの成長を促していくことができるよう、カリキュラムを編成する際には、発達の方向を意識して、その連続性と発展性に留意したい。各家庭での育ちが園での生活につながるよう配慮するとともに、園での育ちや保育の成果が小学校以降の生活につながり、子どもの人生が豊かなものとなるようにしたい。

3. 評価とマネジメント

（1）計画・実践・評価・改善

　子どもの発達や地域の実情を踏まえた素晴らしい計画が完成しても、それが適切に実行されなければ絵に描いた餅となってしまう。教育課程と実際の保育が連動することを意識しながら、実行に移さなければならない。具体的には、教育課程に基づき長期の指導計画（年・期・月）を作成することとなる。そして、その時々の実際の子どもの姿を把握しながら、より具体的で実践的な短期の指導計画（週・日・部分）を作成し、実際の保育実践につなげていくこととなる。

　保育実践後には、実際の子どもが活動する姿から保育及び計画に関する振り返りを行い、その反省を次の活動や後の計画につなげていくことが大切である。その週の指導計画は事前に作成しているが、日々の子どもの姿を見ながら必要に応じて計画に修正を加え、更新していくことにより、翌日以降の保育をよりよいものとしていくことができるのである。

（2）カリキュラム・マネジメントの重要性

　今回の幼稚園教育要領等の改訂の基本的な方向性を示した中央教育審議会答申「幼稚園、小学校、中学校、高等学校及び特別支援学校の学習指導要領等の改善及び必要な方策等について（答申）」(2016)[5] では、「教育課程を軸に学校教育の改善・充実の好循環を生み出す『カリキュラム・マネジメント』の実現（「カリキュラム・マネジメント」の重要性）」について、下記のように述

べられている。

　　学習指導要領等を受け止めつつ、子供たちの姿や地域の実情等を踏まえて、各
　学校が設定する学校教育目標を実現するために、学習指導要領等に基づき教育課
　程を編成し、それを実施し評価し改善していくことが求められる。これが、いわ
　ゆる「カリキュラム・マネジメント」である。
　　（教育課程を）各学校が組み立て、家庭・地域と連携・協働しながら実施し、
　目の前の子供たちの姿を踏まえながら不断の見直しを図ることが求められる。今
　回の改訂は、各学校が学習指導要領等を手掛かりに、この「カリキュラム・マネ
　ジメント」を実現し、学校教育の改善・充実の好循環を生み出していくことを目
　指すものである。（括弧内は筆者）
　　特に、次期学習指導要領等が目指す理念を実現するためには、教育課程全体を
　通した取組を通じて、教科等横断的な視点から教育活動の改善を行っていくこと
　や、学校全体としての取組を通じて、教科等や学年を越えた組織運営の改善を行っ
　ていくことが求められる。各学校が編成する教育課程を軸に、教育活動や学校経
　営などの学校の全体的な在り方をどのように改善していくのかが重要になる。
　　「社会に開かれた教育課程」の実現を通じて子供たちに必要な資質・能力を育
　成するという、新しい学習指導要領等の理念を踏まえれば、これからの「カリ
　キュラム・マネジメント」については、以下の三つの側面から捉えることができ
　る。
　①　各教科等の教育内容を相互の関係で捉え、学校教育目標を踏まえた教科等横
　　断的な視点で、その目標の達成に必要な教育の内容を組織的に配列していくこ
　　と。
　②　教育内容の質の向上に向けて、子供たちの姿や地域の現状等に関する調査や
　　各種データ等に基づき、教育課程を編成し、実施し、評価して改善を図る一連
　　のPDCAサイクルを確立すること。
　③　教育内容と、教育活動に必要な人的・物的資源等を、地域等の外部の資源も
　　含めて活用しながら効果的に組み合わせること。

　カリキュラムが、子どもにとっての学びの履歴を示すことは先に述べた。教
育課程を固定化された静的なものとして捉え、計画に沿って決まっていること
をしなければならないと考える必要はない。子どもにとっての学びの履歴（カ
リキュラム）は保育を通して進んでいく動的なものとして考え、日々の子ども

の実態をしっかりと把握し、子どもの成長に即して実際の保育を動かしていくことが大切である。そして、実践後には保育について見直し、必要な改善を加え、その後の計画につなげていくことが、保育の質を向上させるうえで重要となる。また、このように自身の計画や保育を見直し、改善を続けていくことが、保育者としての成長にもつながっていく。

（3）保育の質の向上と評価

　実際に、保育をよりよいものにしていくためには、その保育をどのように評価するのかが重要となる。評価の際には、実際の具体的な子どもの姿に基づいて考えることが大切である。その活動や環境が、子どもの興味や関心、発達等の実態に応じたものだったかという視点から振り返ることが大切である。また、保育を振り返る際には、ただ反省をするだけでなく、どこをどのようにしておけばよりよい保育となったのか、具体的な改善案を考えることが大切である。

　日案、週案といった短期の指導計画のマネジメントは、個人的にでも行うことができるものであるが、幼稚園教育要領においては、期・月・年を単位とした長期の指導計画や、カリキュラム・マネジメントの重要性についても示されている。園長を中心とした全教職員の協力体制の下、組織的かつ計画的に園の保育活動の質の向上を図っていくことが求められている。

4. さまざまな評価とその利用

　カリキュラム・マネジメントを実施するうえで、適切に子どもの状況や保育の成果を評価していくことが大切となる。ここでは、評価に関する用語について整理し、評価の利用について述べる[6]〜[8]。

（1）さまざまな評価
① 相対評価
　他の子どもや集団を基準にして比較し、その子どもを評価すること。具

体的には、平均点や偏差値といった考え方は相対的な評価の一つである。

② 絶対評価

　他者との比較で評価するのではなく、ある基準を用いて、その子どもを評価すること。具体的には、下記の到達度評価や個人内評価がその例である。

③ 到達度評価

　目標に準拠した評価のこと。到達すべき明確な状態・基準を定め、その状態・基準へ到達しているかどうか、その程度を評価するもの。

④ 個人内評価

　個人を継続的あるいは全体的に評価するもの。以前のその子どもの状態から、どの程度進歩しているのかを捉えようとする縦断的個人内評価と、子どもの長所や短所を明らかにしようとする横断的個人内評価とがある。

⑤ 診断的評価

　入園当初、学年当初、活動を始める前等に行う評価。その時点までの子どもの学びや経験、発達、興味や関心等を捉えるものである。その後の活動の計画（ねらい、内容、環境等）について考える際に役立てることができる。

⑥ 形成的評価

　活動中や、一連の活動の区切りに行う評価。活動中の姿を捉え、意図したとおりの（あるいは期待以上の）教育効果が上がっているか確認し、計画の軌道修正をしたり、必要な援助をしたりする。その後の活動が子どもにとってより意味のあるものになるように、実践の改善につなげていくためのもの。

⑦ 総括的評価

　一連の活動の終了時あるいは期末、年度末に行う評価。活動やその期間における子どもの経験や育ちについて捉えることにより、保育の成果を検討する。保育者の援助、環境構成等について反省し、改善につなげていくことができる。指導計画、カリキュラム等について評価・検討することも大切である。

⑧　パフォーマンス評価

　現実的な状況における課題への取り組みの中で、子どもの振る舞いや作品から、知識や技能を総合的に活用する力を評価するもの。思考力・判断力・表現力や創造性を育むことを意図している。複数の視点から評価するための指標となる基準表（ルーブリック）を用いることが有効である。

⑨　ポートフォリオ評価

　活動の過程で生み出される作品や記録（絵、写真、音楽や動画が入った記録媒体など）を系統的に蓄積した「ポートフォリオ」を用いて評価するもの。学びの過程に注目したものであり、子ども自身も見ることができる。ポートフォリオを見ながら、子どもと保育者とが話をすることもできる。

⑩　ルーブリック

　課題に対する子どもの学びの到達度を、到達度の違いによりいくつかの段階に分けて、具体的な子どもの姿として記した評価の指標。保育者が共同で作成すれば、活動のねらい等について共通理解することができる。子どもの育ちを促すために、どのような援助が有効となるのか検討することもできる。

（2）　評価の利用とカリキュラム・マネジメント

　月齢や家庭環境の違いによる個人差の大きな幼児期の子どもを対象とする保育においては、他者と比べたり、到達目標に達しているかどうかだけを判断したりすることは適切ではない。評価自体が目的なのではなく、子どもの実態を把握し、その後の保育に生かして発達を支援していくことが大切である。

　カリキュラム・マネジメントを効果的に行うためには、多様な評価方法を組み合わせて、子どもの状態や保育の成果について捉えることが大切である。また、子どもは多様な面をもっているため、ある一面だけを評価するのではなく、さまざまな場面で子どもの実態を捉え、複数の視点から総合的に評価することが必要となる。子どもの言葉や行為、活動の成果だけを評価するのではなく、子どもの内面や、できなくてもあきらめずに挑戦する姿勢、活動の過程等についても捉えることができるよう努めたい。クラス全員で一緒に遊んだとし

ても、遊びの中での経験や学びは一人一人異なっている。子どもの学びの履歴（カリキュラム）をマネジメントするという考えに立ち、それぞれの子どもが、何を経験し何を学んだのか、保育者の意図していなかった経験や学び、成長についても丁寧に捉えることができるよう努めたい。

　実際にどのような点を評価するのかは、その活動や保育において、保育者が何を大切に考えているのか（価値）と関連している。活動や保育観の違いによって、多種多様な評価がありうるが、カリキュラム・マネジメントという観点からは、教育課程や指導計画の評価と関連づけた評価も必要となる。各園において、組織的、計画的に評価を実施していくことが求められよう。複数の保育者で、それぞれの評価やその根拠をすり合わせていく作業は、公平で妥当な評価をするうえで有益なだけでなく、保育のねらいや子どもの育ちについての共通理解を深めていくことにもつながっていく。園全体で、カリキュラム・マネジメントと関連づけながら適切な評価を実施し、子どもの豊かな育ちを支援できるようにしたい。

引用文献

1)　佐藤学『カリキュラムの批評 ― 公共性の再構築へ』世織書房、1997 年、pp.3-22
2)　文部科学省『幼稚園教育要領』（文部科学省『幼稚園教育要領解説』フレーベル館、2018年、pp.285-304）
3)　内閣府・文部科学省・厚生労働省『幼保連携型認定こども園教育・保育要領』（内閣府・文部科学省・厚生労働省『幼保連携型認定こども園教育・保育要領解説』フレーベル館、2018年、pp.386-423）
4)　厚生労働省『保育所保育指針』（厚生労働省『保育所保育指針解説』フレーベル館、2018年、pp.360-395）
5)　中央教育審議会「幼稚園、小学校、中学校、高等学校及び特別支援学校の学習指導要領等の改善及び必要な方策等について（答申）」2016 年、pp.23-24
6)　西岡加名恵・石井英真・田中耕治 編『新しい教育評価入門 ― 人を育てる評価のために ―』有斐閣、2015 年、pp.1-58、pp.116-122
7)　古川治『ブルームと梶田理論に学ぶ ― 戦後日本の教育評価論のあゆみ ―』ミネルヴァ書房、2017 年、pp.32-33
8)　森上史朗・柏女霊峰 編『保育用語辞典［第 8 版］』ミネルヴァ書房、2015 年、p.138

第 **7** 章

教育方法の理論と実践

1. 教育方法の歴史

　教育の方法に関する知識は広範にわたっており、教育実践の基礎となる知識や見解、実践的な問題解決のために活用する知識や見解、実際の判断や選択を支えている知識や見解などが含まれる（佐藤学、1996；2010）[1][2]。ここでは、佐藤学（1996；2010）に加え、汐見稔幸ら（2011）、勝山吉章ら（2011）、森上史朗・柏女霊峰（2015）らの著作をもとに、実際にこれまでの歴史の中で実践されたり、構想されたりしてきた、教育の方法について見ていこう[3]~[5]。

（1） 古代ギリシャの教育方法

　古代ギリシャのスパルタでは、強固な軍事的集団を組織するために、過酷な実践的訓練が重視されていた。一方、アテネにおいては、民主制の担い手となる市民の養成が重視された。ソフィストたちが博識の伝承を教育と見なしたのに対して、ソクラテスは、問答による対話を重視して真理に接近させようとする「産婆術」を実践した。このソクラテスの対話は、ソクラテスの弟子であるプラトンによって記録に残されているが、当時の書字文化の普及が文字を用いた知識の記録や教育を可能にした。

（2）　印刷術の発明と知識の普及

　グーテンベルクによる印刷術の発明（1445 年）は、安価な紙に大量に印刷した本による学問的知識の普及を可能にした。コメニウスは、この印刷術によって大量の知識が迅速に多数の本に印刷されるように、教授の技術によって大量の知識が迅速に多数の子どもへと教授されることを構想し、『大教授学』（1657 年）と『世界図絵』（1658 年）を著した。

（3）　一斉授業の始まり

　産業革命の起こったイギリスでは、近代民主主義思想を確立したロックが、経験論の立場から『教育に関する考察』（1693 年）を著した。人間の能力や道徳性は身分や血統に由来するものではなく、環境や経験により変化するものであると考えられ、教育の重要性が主張された。同時代には、大勢の貧しい子どもに対して効率的に教育を可能とする安価な方法が必要となり、ベルとランカスターによる「助教法（モニトリアル・システム）」が開発された。困難な状況を克服するための工夫が、安価で効率的な教育の方法である一斉教授の方法を生み出したと言えよう。この集団に対する教育の方法は、後の近代学校の制度化とともに普及していくこととなった。

（4）　家庭での教育と公教育

　フランスでは、消極的教育の考えをもつルソーが『エミール』（1762 年）を著した。これは、発達年齢ごとに、少年エミールに対する家庭教師の教育に関して描かれた小説である。ルソーは自身の 5 人の子ども全員を孤児院に預けており、その後悔の念から執筆されたものではないかとも言われている。その後、フランス革命期には、コンドルセが公教育制度の確立をめざして議会に法案を提出したが、社会の混乱の中で実現されなかった。

（5）　遊びを用いた幼児教育

　スイスのペスタロッチは、貧しい子どもや民衆の子ども等を対象とした教育を実践し、その教育の記録や自身の教育に対する考えを『隠者の夕暮れ』

(1780 年)、『シュタンツだより』(1799 年)、『白鳥の歌』(1826 年) などに著した。ペスタロッチの教育実践は、ドイツのフレーベル (幼児教育) やヘルバルト (大学教育での教育学) に影響を与えた。世界最初の幼稚園の設立者であるフレーベルは、子どもの遊びを重視し、園庭での活動も大切にしていた。また、恩物と呼ばれる教育的遊具を考案し、実際に幼児教育に用いた。

（6）四段階教授法（ヘルバルト）

　ヘルバルトは、教育学の目的には倫理学を、方法には心理学を援用することを図り、従来の経験的な「教育論」から科学的な「教育学」へと転換させたと言われている。ヘルバルトは、人が認識を獲得していく過程は、「専心」(対象に没頭する作用) と、「致思」(専心により獲得した表象を統合し、一般化する作用) からなると考えた。そして、それぞれを静的段階と動的段階に分けて、①明瞭 (静的専心) → ②連合 (動的専心) → ③系統 (静的致思) → ④方法 (動的致思) の過程に対応する、四段階教授法を提唱した。

（7）五段階教授法の発展（チラーとライン）

　ヘルバルトの弟子であるチラーは、この四段階教授法のうち、第1段階の「明瞭」を「分析」と「総合」の2つに区別し、①分析 → ②総合 → ③連合 → ④系統 → ⑤方法の五段階教授法へと発展させた。そして、この一まとまりのユニットを「方法的単元」として構成する方法を提示した。さらにラインは、ヘルバルトとチラーが子どもの認識の心理的過程として提示していた形式的段階を、教師の教え方の手続きを示す五段階（①予備 → ②提示 → ③比較 → ④総括 → ⑤応用）へと改変した。この教師の教え方に対応した五段階教授法は、各国の授業の定型を生み出すとともに、教え方に関する研究を推進させ、現在の「導入・展開・まとめ」の3段階の定型に至るまで大きな影響を及ぼし続けている。

（8）　モンテッソーリの教育方法

　イタリアのモンテッソーリは、知的障害児の教育での研究成果を、貧民地区に開設した「子どもの家」で定型発達の子どもに適用しようとした。モンテッソーリの教育法は、子どもが個別に自発的に発達する自由をもっていると考え、そのための自由な活動を大切にしたものであった。教育や教師には、子どもを観察することと環境構成への配慮が求められた。また、モンテッソーリの提唱した教育方法は、異年齢からなるクラス編成、個別指導、モンテッソーリ教具を用いた教育という点に特徴をもつものであった。

（9）　直接経験を重視した教育

　アメリカのデューイは、学校教育は子どもの生活や経験を中心に組織されるべきだという考えに基づき、シカゴ大学に「実験学校」（1896 〜 1904 年）を開設した。実験学校における直接経験を重視した教育（経験主義教育）の概要は、『学校と社会』に叙述されている。デューイに師事したキルパトリックは、「目的」「計画」「実行」「判断」の 4 段階で構成される目的的活動を行うことを通した「プロジェクト・メソッド」を提唱した。

（10）　発達の最近接領域への働きかけ

　ロシア（ソビエト連邦）のヴィゴツキーは、「発達の最近接領域（最近接発達の領域）」の概念を提唱した。これは、子どもが一人で自力でできる水準と、一人ではできないが大人や集団の援助や指導があればできる水準があるとし、この自力でできる水準に近接する領域に、教授や誘導的質問、ヒント、援助、共同などによって働きかけることで、発達を促すことができると考えるものである。

　以上、ここまで見てきたように、教育の方法は、社会のあり方や技術の発達、教育者が重視する価値などによってさまざまな形態を取りえるものである。現在の社会では、情報技術や機器の発展により、知識や情報へのアクセスが、これまでの社会に比べて格段に容易になってきている。社会の不安定さも

相まって、これまで以上に、既存の知識を伝授するだけでなく、知識を活用することのできる能力の育成が重視されるようになってきていると言えよう。

2. 系統学習と問題解決学習

　ここでは、系統学習と問題解決学習という2つの代表的な学習の様式について述べる（佐藤学、1996；汐見稔幸ら、2011；森上史朗・柏女霊峰、2015）[6]～[8]。

（1）系統学習

　系統学習は、各学問の論理的系統性に基づいて構成される内容を順序立てて習得していく学習の様式である。教育における文化的遺産の伝達を重視したものであり、その中から選択・組織された知識や技術を体系化した「教科」を中心にして編成されている。日本においては小学校以上の教科の学習において主に見られる。各教科は独立して組織されており、「簡単なものから複雑なものへ」「一般的なものから特殊なものへ」といった論理的順序性・系統性によって構成される。

　学問の体系に従って少しずつその内容を習得できるように考慮されているため、効率よく知識や技術を身につけることができる。一方で、子どもの側の興味・関心に出発点をおいているわけではないので、各学習の際には、導入等の工夫により学習する内容や活動に対する子どもの興味・関心を高めることが大切となる。教師主導による学習活動が多くなりがちなため、画一的な指導や受け身の学習になりやすいといった危険性も指摘されている。また、教科間の有機的な関連性が少なく、学習する内容が子どもの生活と切り離されたものとなる可能性もある。

　そのため、日本においては、これまでの学習指導要領の改訂の中で、総合的な学習の時間や小学校低学年における生活科の創設等、教科間や日常の生活との関連性を高め、体験的な学習を確保しようとする方策が進められてきた。子どもの生きる力の育成のためには、基礎的な学力とともに、主体的に学びを進める力や姿勢を涵養していくことも重要と言える。

（2） 問題解決学習

　問題解決学習は、子どもの自発的な学習や活動を尊重し、子どもの興味や関心、あるいは生活経験に基づく問題を、具体的活動を通して解決することをめざす経験主義的な学習の様式である。伝統的な教科における学習への批判の中から考案されてきたものであり、知識や技術の習得よりも主体的に学習するプロセスが重視されるものである。子どもが主体的に問題を解決するための活動に取り組む中で、多様な知識や技能を身につけていくことを図る学習の様式である。

　子どもの生活経験の中から学習の内容と構造が決定され学習を展開していくため、教師には、子どもの興味や関心を把握し、子どもが主体的に学習するのにふさわしい内容を選択できるように、また社会的に意味があるものとなるように学習を制御することが求められる。また、一人一人の興味や関心、個別的な学習となりやすいので、それぞれが孤立することなく相互に行き交うようにするための配慮も求められる。

　日本においては、第二次世界大戦後、アメリカのデューイの影響を受けて活発に取り入れられたが、1950 年代に入り、行きすぎた児童中心主義による基礎学力低下に対する危惧から、「はいまわる経験主義」と批判されるようになった。一方で、系統的な学習には、子どもの主体的な学びを阻害するという批判がある。系統的な学習と問題解決型の学習とを対比するだけでなく、実際には両者を補完的に捉え、子どもの学びを組織していくことが求められよう。

3. 幼児期における学びのデザイン

（1） 遊びを中心とした環境を通して行う教育

　幼児期における教育は、環境を通して行うことが基本であり、子どもの興味や関心に基づく主体的な活動である遊びを中心として、学びや発達を支援することが大切となる。保育者には、子どもとの信頼関係をしっかりと築き、子どもが周囲の環境に興味や関心をもって主体的に関わることができるよう、環境を整えることが求められる。幼稚園教育要領には、保育者が重視すべき事項として、次の

3つの事項が「第1章 総則」に示されている（文部科学省、2018）[9]。

> 1　幼児は安定した情緒の下で自己を十分に発揮することにより発達に必要な体験を得ていくものであることを考慮して、幼児の主体的な活動を促し、幼児期にふさわしい生活が展開されるようにすること。
>
> 2　幼児の自発的な活動としての遊びは、心身の調和のとれた発達の基礎を培う重要な学習であることを考慮して、遊びを通しての指導を中心として第2章に示すねらいが総合的に達成されるようにすること。
>
> 3　幼児の発達は、心身の諸側面が相互に関連し合い、多様な経過をたどって成し遂げられていくものであること、また、幼児の生活経験がそれぞれ異なることなどを考慮して、幼児一人一人の特性に応じ、発達の課題に即した指導を行うようにすること。

（2）　子どもの発達と5領域

このうち、2の「第2章に示すねらい」とは、学問の論理的系統性に基づく教科ではなく、子どもの発達について子どもを捉えた「領域」別に示されたねらいである。領域とは、心身の健康に関する領域「健康」、人との関わりに関する領域「人間関係」、身近な環境との関わりに関する領域「環境」、言葉の獲得に関する領域「言葉」及び感性と表現に関する領域「表現」の5領域のことである。また、「ねらい」は幼児期に育みたい資質・能力を子どもの姿で示したものであり、ねらいとともに示されている「内容」とは、ねらいを達成するために保育者が指導する（子どもが経験することが望まれる）事項である。実際に保育をする際には、具体的なねらい及び内容を明確にし、適切な環境を構成することにより、子どもにとって有意義な活動となるよう留意したい。

（3）　保育者に求められるもの

意欲をもって主体的に活動することができる環境構成や援助のためには、子ども一人一人によって異なる興味・関心や発達を把握することが大切となる。そして、それぞれの子どもの発達に即した環境の中で、幼児期にふさわしい生活を展開していくことができるよう援助していくためには、保育者には、次の3つの事項が求められる（中川智之、2014）[10]。

① 子どもの発達に関する理解

　1つ目は、子どもの発達過程に対する深い理解である（主に図7-1のⒶの部分）。一般的な子どもの発達の過程に関する知識を蓄積し、園で生活する子どもの発達の実情や、今後の発達の見通しをもつことができるようになることが大切である。

② 複数の視点からの状況理解

　2つ目は、その保育場面における状況を複数の視点から的確に把握することである（図7-1のⒷの部分）。その状況が、子ども一人一人の視点からはどのように見えているのか、子どもによる捉え方に相違はないかなどを、瞬時に推し量ることが求められる。また、行為だけでなく子どもの内面の動きや、目に見えやすい結果だけでなく過程（活動に取り組む姿勢や態度など）も大切にすることができるように、複数の観点から子どもの姿を捉えることが求められる。

③ 経験のつながりに関する理解と援助

　3つ目は、その状況が子どもにとってもつ意味を、さまざまな時間の枠組みの中で考えることである（主に図7-1のⒸの部分）。子どもへの何らかの関わりや援助を検討する際に、現在の状況が過去の経験や出来事とどのように関連しているのか、自身の関わりや援助が現在の状況をどのように変化させるのか、そして、その場面での経験がその後の保育や子どもの成長にどのように影響していく可能性があるのかなど、その場面の状況だけでなく、前後の期間も視野に入れて、子どもにとって意味のある経験を重ねていくことができるような援助を心がけたい。

　新たな視点から、子どもや環境、経験の意味を解釈できるようになることが、複眼的に子どもや保育について考える力の向上につながっていく。保育における複眼的に物事を捉える重要性を理解し、子どもの主体的な活動を促す環境を整えたり、理解者や行動作業者などさまざまな役割を保育者が果たしたりすることによって、子どもの発達に必要な豊かな体験が得られるようにしたい。

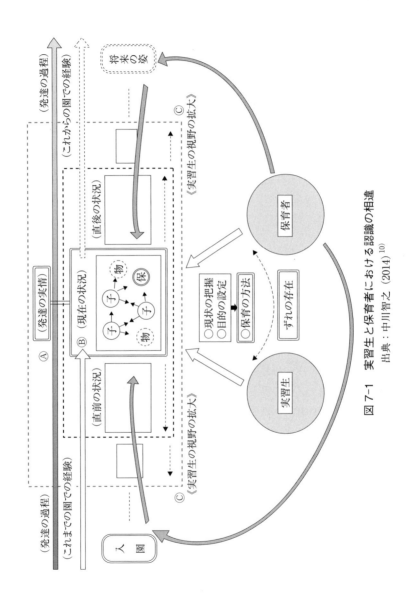

図 7-1 実習生と保育者における認識の相違
出典：中川智之（2014）[10]

4.　教材の研究（視聴覚機器や情報機器の利用を含む）

　2017（平成29）年の幼稚園教育要領の改訂の要点の一つとして、計画的な環境の構成に関連して「教材を工夫すること」が、「総則」における「幼稚園教育の基本事項」に新たに示されたことが挙げられる（文部科学省、2018）[9]。

（1）　教科教育における教材の研究

　一般に教材とは、「児童・生徒が学習して一定の目標を達成（学力形成）するために選択された文化的素材（事実、事象、資料、作品など）であり、授業のなかで意味づけられるもの」である（天野正輝、1995）[11]。天野は、小学校以上の教科学習における教材研究について、下記の3種類の課題に取り組むものと指摘している。

① 　ある教科内容を教えるとき、素材として何を選び、それをどう構成するかという課題
② 　ある教科内容、ある教材をどう授業案に具体化するかという課題
③ 　教科内容や教材の背景となっている人類の文化遺産の理解に関する課題

　教科は、知識を分類し体系的・段階的に組織されたものであり、小学校以降の学習指導要領では、系統だった知識が、すでに学習者の発達を考慮して配列されている。児童生徒が習得することが求められる教育内容が定められており、授業の目標もおのずと規定されてくるため、学習内容の体系性・段階性を考慮すれば、学習者の発達の状況を意識しなくても、教材の研究が可能となる。また教材は、学習活動を円

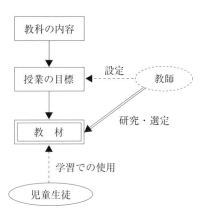

図7-2　教科教育における教材の使用
出典：中川智之（2015）[12]

滑に進めるためのものであり、系統的な学習においてはおのずと、教師が選定・研究した教材を児童生徒が学習において使用することが多くなる（図7-2）。

（2）　幼児教育における教材の研究

　これに対して、幼児期の教育における教材研究は、上記の3種類に対応する課題（下記①〜③）に加え、幼児期の教育に特有の3種類の課題（下記④〜⑥）を合わせた、次の6種類の研究に分類される（国立教育政策研究所教育課程研究センター、2005；中川智之、2015）[12) 13)]。

①　ある領域の内容を指導する際の教材の選択と構成に関する研究
②　ある領域の内容、ある教材を実際の活動の中でどのように具体的に取り扱うかという指導案の作成に関する研究
③　領域の内容や教材の背景となっている文化遺産、教材の特性に関する研究
④　一般的な子どもの発達の理解に関する研究
⑤　園に在籍する具体的な子ども個人の理解に関する研究
⑥　活動場面における子どもの教材への多様な関わり方に対する柔軟な対応に関する研究

（3）　幼児教育における教材の使用の実際

　幼児期の教育におけるねらいと内容は、幼児の発達の側面である5領域に分けてまとめられており、幼児期に育みたい資質・能力がねらいであり、保育者が指導する事項が内容である。幼稚園教育要領等には、園修了時までに資質・能力が育まれている子どもの姿として「幼児期の終わりまでに育ってほしい姿」が示されてはいるものの、子どもがその状態に至るまでの過程や時期との関連は、各領域においても示されていない。

　さらに、幼児期の教育は、環境を通して行うものであり、子どもの主体的な活動を重視するものである。加えて、子どもの生活経験がそれぞれ異なることなどを考慮して、一人一人の特性に応じ、発達の課題に即した指導を行うことも求められる。これらのことを考慮し、中川智之（2015）は、幼児期の教育における教材の使用について図示（図7-3）したうえで、次のように説明している[12)]。

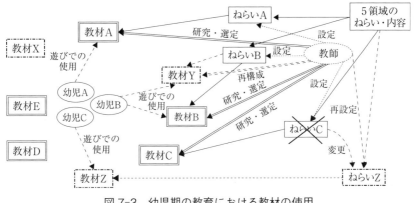

図 7-3　幼児期の教育における教材の使用
出典：中川智之（2015）[12]

　幼児期の教育においては、幼児の興味・関心や発達の状態に応じて、一人一人に対する活動のねらいは異なってくる（ねらいA〜C）。実際に研究・選択し利用する教材についても、一人一人の興味・関心や発達の状態に応じた異なる教材を用意する必要があったり（教材A〜C）、同じ教材であっても異なる提示方法が求められたりする。

　幼児の教材への関わりによっては、想定していなかった異なる教材を提示して環境を再構成することが、ねらいの達成に寄与することもある（教材Y・ねらいB）。また、教師が用意した教材（教材A〜E）ではなく、他の周囲の環境（教材X〜Z）に興味・関心をもち、遊びに取り入れる幼児が出てくることもある（幼児C）。その際には、柔軟にねらいを変更して活動を進めることも求められる（ねらいC → ねらいZ）。

　このような柔軟な対応が可能なのは、「幼児期の終わりまでに育ってほしい姿」が、園修了時までに育まれていることが期待される資質・能力であるためであり、小学校以上の教科教育に比べて時間的な制約が少なく、子どもの個人差への対応が求められているためと言える。また、これらのねらいは、園生活全体を通じて、さまざまな体験を積み重ねる中で相互に関連をもちながら次第に達成に向かうものである。その活動において当初のねらいが達成できなかったとしても、その活動において意図していなかった幼児の成長があれば、その

成長を促すために確保していた時間を、当初のねらいを達成するための他の活動に置き換えることも可能となる。

　幼児教育における教材は園の環境すべてであり、教科教育の教材と比べ、その教材研究の対象となる範囲は広いと言える。加えて、ねらいや教材、及びその提示方法は幼児によって多岐にわたるため、教材の研究はより複雑で困難なものとなる。これらのことが、幼児期の教育における保育方法論が名人技になる傾向があると指摘される一因であろう。

（4）　教材研究に求められるもの

　幼児期の教育においては、学びの内容やその順序に柔軟性があるため、まず、実際の幼児の姿や園の環境・生活を十分に理解することが重要となる。一般的な子どもの発達過程の理解（研究④）を基盤とした、園に在籍する子どもの理解（研究⑤）が求められよう。そのうえで、ねらい及び教材の選定（研究①）と、実際の場面での環境構成及び援助を検討（研究②）することが大切となる。幼児に即した柔軟な対応（研究⑥）に関しても、実際の幼児に関する理解（研究⑤）を深め、実践と省察を繰り返す中でこそ、その力量の向上が図られると言えよう。

（5）　視聴覚機器や情報機器の利用

　教材には、視聴覚教材やコンピュータなどの情報機器も含まれる。デジタルカメラやビデオを効果的に活用することができれば、季節の変化とともに姿を変える植物の生長などについて、子どもに提示し視覚的に比較することが可能となる。また、1日の生活や遊びを言語活動によって振り返る際に、その場にいなかった子どもにも、遊んだ環境や遊ぶ様子を視覚的に示しながら、クラス全員で話題を共有することも可能となる。

　現在、視聴覚教材やコンピュータなどの情報機器は、子どもでも感覚的に操作できるようになりつつある。機器の発達が、これまでにはできなかった新しい遊び（実体験）を創造しうる可能性もある。幼児期は直接的な体験が重要な時期であることを考慮し、視聴覚教材やコンピュータなど情報機器を用いた活動が、子ども同士の集団生活における直接的な経験を損なわないよう留意しつ

つ、活動がより豊かなものとなるようにしていくこと大切となる。

引用文献

1)　佐藤学『教育方法学』岩波書店、1996 年、pp.1-32

2)　佐藤学『教育の方法』左右社、2010 年、pp.4-7、pp.45-85

3)　汐見稔幸・高田文子・東宏行・増田修治・伊東毅 編著『よくわかる教育原理』ミネルヴァ書房、2011 年、pp.54-57、pp.118-121、pp.290-299

4)　勝山吉章・江頭智宏・中村勝美・乙須翼『西洋の教育の歴史を知る ― 子どもと教師と学校をみつめて ―』あいり出版、2011 年、pp.1-102

5)　森上史朗・柏女霊峰 編『保育用語辞典［第 8 版］』ミネルヴァ書房、2015 年、pp.404-421

6)　前掲書 1)、pp.7-46

7)　前掲書 3)、pp.54-57、pp.118-121、pp.132-133

8)　前掲書 5)、p.106、pp.122-124、p.368

9)　文部科学省『幼稚園教育要領』(文部科学省『幼稚園教育要領解説』フレーベル館、2018 年、pp.285-304)

10)　中川智之「教育実習における実習記録を通して見る保育者としての成長」『川崎医療短期大学紀要』34 号、2014 年、PP.39-45

11)　天野正輝『教育方法の探求』晃洋書房、1995 年、pp.143-168

12)　中川智之「幼稚園教諭養成課程における教材研究力の育成に関する一考察 ― 『幼児期から児童期への教育』の分析を通して ―」『川崎医療短期大学紀要』35 号、2015 年、pp.71-77

13)　国立教育政策研究所教育課程研究センター『幼児期から児童期への教育』ひかりのくに、2005 年

第 **8** 章
子ども理解の理論と方法

1. 子ども理解の視点

(1) 子ども理解の重要性

　ある日突然、保育の授業がドイツ語で始まったら、皆さんの多くは理解できないだろう。この場合、「ドイツ語が得意だから」という理由で授業を展開する教師は、学び手である皆さんのこれまでの学修内容を把握していないことになる。これは保育にもそのまま当てはまる。保育者（実習生）である皆さんが、「体を動かすことが好きだから」という理由で、子どもの思いを無視して運動遊びを行えば、子どもたちは困惑するだろう。

　このように、保育のプロフェッショナルとして子どもと関わる際には、まずは子どもの今の発達状態、興味・関心を丁寧に読み解き、そこから保育を組み立てていかなければならない。保育は、子ども理解から始まるのである。

(2)「上から見た」子ども理解と「横から見た」子ども理解

　以下の事例は、保育所で実習を行った学生の実習ノートをもとに、筆者が改変したものである。

〈事例1：給食の場面で（1歳児クラス）〉
　Ｑちゃんは、私が食べさせようとすると、どうしても食べようとしない子どもである。今日は嫌いな食べ物が多いせいか、「励ます」「好きな食べ物と混ぜてみる」「デザートでつる」……そんなあの手この手も通

用せず、まったく食が進まない。そんな私の姿を見かねた担任の先生が担当を変わってくれたのだが、先生はＱちゃんに食べさせたり、言葉をかけたりせず、笑顔のままＱちゃんの横に座って時々様子を見ていた。そして、ふと「Ｑちゃん、食べてみようか？」と優しく促すと、パクパクと食べ始めたのである。

　後で先生に伺ってみると、「Ｑちゃんは『食べたくない』という仕草をしていたけど、『体は給食を欲していた』んだよね」とのことだった。

　この事例は、主に０・１歳児クラスで、実習生がよく体験するエピソードである。実習生のＱちゃんへの関わりは、「いかに給食を食べさせるか」が中心を占めていることが分かる。実習生の心の余裕のなさからか、「なぜＱちゃんは食べようとしないのか」「私が原因ではなく、ほかに原因があるかもしれない」といった考察に結びついていない。つまり、「Ｑちゃんは、私が給食を食べさせようとしても食べない子どもだ」という一方向的な子ども理解から始まっており、「上から見た」子ども理解に終始していると言えよう。

　一方で、担任の先生は、給食を食べようとしないＱちゃんの横に座り、様子をうかがいながら原因を探ろうとしている。「給食を食べさせること」はとりあえず横に置いておいて、まずは子どもと同じ目線になり、子どもの気持ちに寄り添いながら何かを感じ取ろうとする姿勢である。そこでＱちゃんの「本当は給食を食べたいと思っている」という思いを理解したからこそ、「食べてみようか？」という促しがＱちゃんに伝わったのである。このように、子どものそばで子どもの見ている（感じている）「ほんとうのところ」を理解しようする「横から見た」子ども理解を心がけたい。

（3）　保護者との協働が子ども理解を促進させる

〈事例２：急に消極的になったＬ君（４歳児クラス）〉
　幼稚園の４歳児クラスで、いつも元気いっぱいに遊ぶＬ君は、友だちも多く、いろいろな活動に自らチャレンジする姿が多く見られる子どもであった。ところが、７月に入ると、いつもの元気のよさは影を潜め、

他の子どもの遊びについていく姿ばかりである。あまりの急な変わりように担任が戸惑っていたある日、保護者から連絡が入る。それは、L君の1歳の弟が病気で入院し、遠方の病院に母親がつきっきりで看病をしている、という連絡であった。担任は、母親や家でL君の世話をしている祖母と話をし、園でL君がいろいろな思いを表に出せるように関わっていくことを約束した。

　この事例から分かるとおり、子どもを深く理解するために保護者と協働する意義は大きいものがある。L君のような急激な様子の変化なら気づきやすいが、一人ひとりを漫然と見ていては、子どもの変化に気づけない可能性が高くなる。送迎時の会話、連絡帳でのやり取り、参観日や懇談会での交流など、保護者の思いをよく聴いて、保護者とつながる機会は多くあり、それが子ども理解を進める近道となる。「保護者はその子どものことを一番よく理解している大人」という認識で、こまめに保護者と協働していきたい。

2.　子どもを理解するための理論と方法

（1）　子どもを観察する方法

　子どもを理解することは、子どもを観察することから始まる。ここでは、保育現場での実践的な観察法のほか、子どもの能力を客観的に捉える観察法まで幅を広げて解説する。

　観察法は大きく分けて3つの種類がある（表8-1）。1つ目は実験観察法である。これは、1つのテーマを証明するために、主に実験室のような環境が整った場所で行われる観察法である。「視覚的断崖実験」で有名なギブソンとウォークは、赤ちゃんの奥行きの知覚をこの方法で検証した。2つ目は自然観察法である。これは、観察テーマを持って観察する場合（組織的観察法）と持たずに観察する場合（偶発的観察法）の2種類に分けることができる。観察フィールドは実際の現場であり、観察者は観察に徹し、目の前の状況をありのままに記述する方法である。3つ目は参加観察法である。保育者はこの観察法

表 8-1　子ども理解に関連したさまざまな観察法

	立ち位置	観察テーマ	観察場所	長所	短所
実験観察法	観察のみ	あり	実験室	明らかにしたいことのデータがとりやすい	現実世界からかけ離れた環境になりやすい
自然観察法	観察のみ	あり／なし	保育現場	ありのままの世界を記述できる	出あう事例は偶然性に左右される
参加観察法	関わりながら観察	あり／なし	保育現場	細かな表情やニュアンスも観察できる	解釈が主観的になりやすい

がメインとなる。名称のとおり、観察者が対象に関わりながら観察するため、観察者の感じたことや関わったことによる行動の変化などもデータとなる。

（2）保育カンファレンス

　前節で、保護者との協働の大切さを述べたが、職場の同僚（先輩・後輩）との協働も子どもを理解する力を向上させる。その一つの方法として、「保育カンファレンス」がある。カンファレンスとは「協議」や「会議」を意味し、ある事柄について複数の専門職がそれぞれの立場で意見を交流する形式をとる。保育の世界では、「期や一年のクラス運営について」といったある程度のスパンのあるテーマを対象にすることもあれば、「発達状態が気になる子どもの保育について」といった特定のテーマに絞った内容を扱うこともある。

　保育カンファレンスは、「保育経験の長い先輩保育者が後輩保育者を指導する」というスタンスではなく、1つのテーマをそれぞれの立場で対等・平等に話し合う中で、テーマを深く理解し、新たな視点を見つけていくためのものである。そのため、保育者自身が先入観にとらわれず自由に考えを述べることや、出てきた意見を否定するのではなく、肯定しながら話を進めていく姿勢が求められる。

　また、保育カンファレンスのようなフォーマル（公式）な方法だけでなく、保育者同士の立ち話や雑談といったインフォーマル（非公式）な方法が、子ども理解の一助になることも実際には多い。休憩時間や環境整備の時間など、保育業務の隙間の時間を上手に使いながら、保育者同士で対話することを大切に

表8-2　エピソード記録の一例

タイトル	「(外に行くの) いやーの!」
背景	1歳児クラス8名。Vちゃん(1歳6か月、男児)は、最近イヤイヤ期に入っており、園でもご家庭でも大人の言うことを聞かない姿が出てきた。Vちゃんは一人っ子で、母親もどのように関わってよいか戸惑い、時間がないときには無理やり大人のペースで進めてしまうこともある、とのこと。
エピソード	《朝のおやつ後、外に遊びに行くためにテラスに出た場面》 Ⓟ「Vちゃん、くっく(靴)履いて、お外に出るよ」 Ⓥお座りして、なぜか手を後ろに組んで「いやーの!」 Ⓟ"また始まった……"と内心思いつつ、「お外でいっぱい遊ぼうよ」 Ⓥ無言で、ブルンブルンと首を横に振る。嫌そうな顔で意思は固そう……。 Ⓟ「先生、お外でV君と遊びたいのにな……。クック、自分で履く?」 Ⓥ無言でブルンブルン。さっきと同じ反応……選択肢を設けても駄目か……。 　ちょうどそこに、黄色のチョウチョウが飛んできて、テラスに上がってすぐに園庭の方に向きを変えて飛んで行った。私もV君も、隣に座っていたPちゃんも思わず目で追う。Vちゃんはさっきの表情とは打って変わって、目がキラキラ輝いている。 Ⓟ気持ち新たに「よし、Vちゃん、クック履いて外に出よう!」 Ⓥおもむろに両足を差し出して、靴を履かせてもらい、何事もなかったように園庭に歩き出した。
考察	登園してからおやつを食べ終わるまでのVちゃんの様子は特に変わったところはなかったので、靴を履く場面でのイヤイヤがなぜ起こったのか、気まぐれで起こったのか、それとも何か原因があるのか、正直分からないでいる。いずれにせよ、「外に出たくない」という思いに共感が必要であったと思う。そういう対応から解決の糸口が見つかったかもしれない。 　今回は、チョウチョウの偶然の登場により、Vちゃんの気持ちがうまく切り替わったが、イヤイヤの理由がない場合は、必要以上に言葉をかけて説得するのではなく、Vちゃんを信じて、少し任せてみることが有効かもしれない。今回の事例でも"また始まった……"と思ってしまったので、次はVちゃんのイヤイヤにじっくり寄り添ってみたい。

したい。

（3）　エピソード記録

　保育におけるエピソード記録とは、保育のある一場面を切り取って、場面の背景、子どもや自分自身の発話、保育者が読み取った子どもの心の動き、保育者の関わりのねらい、またその変化などを詳細に記録する方法をとる。その意味で、1日全体の保育業務を記録として残す「保育日誌」とは異なるものである。表8-2は一例であるが、エピソード記録を書くことにより、自らの保育を振り返ることができるだけでなく、同僚と検討する材料にもなるため、子ども理解をより深めることができる。

3.　子ども理解に基づく発達支援

（1）　個と集団の理解

　前節までで、子ども一人ひとり（「個」）を理解することの重要性やその方法について述べてきたが、保育を行ううえでは、「個」が集まって形成される「集団」についても理解しておく必要がある。集団の定義にはいろいろなものがあるが、保育において、子どもが直接的に影響を受ける集団を考えると、「友だち」「クラス」「園」が挙げられる。これらに共通することは、一定の決まり（ルール）が存在することである。例えば、自分勝手な主張ばかりしていたら友だち関係は継続できないし、当番活動やお互いに協力をしなければクラスの皆に迷惑をかけることになる。逆に、友だちとの約束を守って遊べばいろいろな遊びができて楽しいし、劇や合奏など、クラスで1つの目標に向かって協力すれば、1人では味わうことのできない達成感を得ることもできる。このように、集団の理解とは、「個の、集団との関わり方を理解すること」なのである。

　集団における一定の決まり（ルール）を、保育者が「これが社会のルールだ」と一方的に決めてしまうことは、保育者の指示に従順（指示待ち）な子どもを育てることになりかねない。重要なことは、安心して生活していくことができる一定の決まり（ルール）を、子どもたちの意見を引き出しながら、皆で作っ

ていくことである。「決まり（ルール）は、皆の合意を得ながら作ることができるし、変えることもできる」という直接体験を、集団の中で育っていく幼児期に特に大切にしたい。

（2） 特別な配慮を要する子どもの発達支援

　先天性の病気や知的な遅れを持っている子ども、自閉症スペクトラムなどの発達障害を抱えている子どもには、保育を行ううえでその特性を理解した関わりが求められる。病気や障害に関しては、診断がおりている場合と診断がおりていない（病気や障害が疑われる）場合とがある。ここでは、診断がおりていない発達障害が疑われる事例から、特別な配慮を要する子どもの理解に基づいた発達支援を考えていきたい。

〈事例３：特異な行動が目立ち始めたＸ君（４歳児クラス）〉

　保育所で年中クラスに進級したＸ君は、次第に周りの子どもとは違う姿が見られてきた。具体的には、「すぐに走ったり、危険な高さのところに上がろうとしたりする」「離室や離席が多い」「単語は話すが会話は成り立ちにくく、オウム返しをすることも多い」「裸足になれない、口の中に１種類の食べ物しか入れられないなどの感覚過敏がある」「思いどおりにならないとかんしゃくを起こす」「自分の興味が先に立つ」などの姿である。

　保育者はＸ君への肯定的な関わりの中で、まずは彼の要求を受け止め、"この人になら何でも言える"関係性をつくるよう心がけた。次第に、保育者と一緒ならいろいろなことに参加できるようになってきた。保育者の今の一番の困りごとは「必要な時にじっとできないこと」である。関わりを試行錯誤しながら、彼の居場所（保育者の膝の上）をつくることにより、必要な時にじっとできるようになってきている。

　事例の姿から、ADHD（注意欠如・多動性障害）や自閉症スペクトラムが疑われる。仮にそういった診断がおりたとしても、障害の程度や特徴は千差万別であり、個別の関わりが求められると言える。大切なことは、「特別な配慮

を要する子どもだからできない」ではなく、「できにくいけど、こうやったらできる」という糸口（事例3の下線部）を見つけることである。

　また、保育者が一人で抱え込まず、発達障害に関する巡回指導相談員といった専門アドバイザーや保護者との協働を通して、特別な配慮を要する子どもの特徴を多面的に捉え、理解を深めていくことも重要である。

第 **9** 章

教 育 相 談

1.　カウンセリングの基礎

　カウンセリングは今や定着した用語といえる。例えば、小学校や中学校ではスクールカウンセリングが行われており、その主な活動内容は児童や生徒の悩み事に対する心理相談である。また、一般的にもカウンセリングといえば心理相談を指すことが多い。心理相談としてのカウンセリング技法は多数ある。

（1）　来談者中心療法

　来談者中心療法は、ロジャースによって創始された心理療法である。この療法では、私たちの心理を自己概念と経験に分けて捉える。自己概念は経験から自己としてイメージ化（理想化）された部分であり、経験は私たちの日常における全経験が反映された心理部分である（図9-1）。通常、両者は重なり合っており、その一致領域が大きいと自身の経験を自己のイメージとずれずに意識できるため、適応的な社会生活が期待できる。一方、自己概念と経験の不一致領域が大きく両者がずれている場合には、自己概念が脅かされ心理的苦痛を体験するようになる。

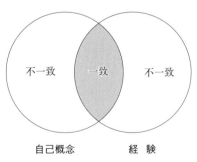

図9-1　自己概念と経験の配置

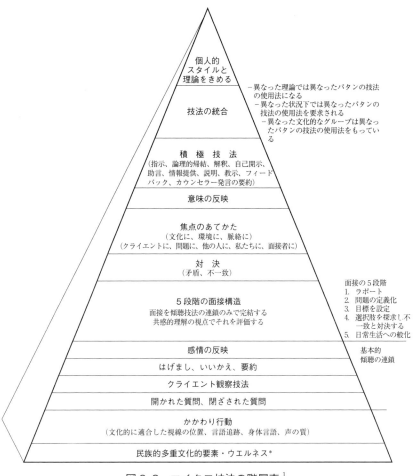

図9-2　マイクロ技法の階層表 [1]

出典：日本マイクロカウンセリング学会ホームページ[1]より、許可を得て掲載

---

[1]　原典は次のとおり。

福原眞知子、A. E. Ivey & M. Ivey『マイクロカウンセリングの理論と実践［第3版］』風間書房、2010年

　ただし、来談者中心療法では、このような心理的苦痛を体験している相談者、すなわち来談者には、経験を受容して自己概念と一致させていく傾向もあると考える。そのため、来談者中心療法ではその傾向を高めるべく、治療者が共感的理解（治療者が来談者を共感的に理解しようとすること）や無条件の肯定的配慮（治療者が来談者の感情、行為、思考を無条件に肯定し、受け入れるように配慮すること）といった態度を示してカウンセリングが行われる。

　なお、来談者中心療法では、来談者に対しアドバイス等の指示的な態度は示さない。ゆえに、この心理療法は非指示的なカウンセリング技法といえる。

（2）マイクロカウンセリング

　先ほどカウンセリング技法は多数あると述べた。ただしこれらの技法には共通点も多い。この共通点を集約して階層化し、技法の習得を効果的に行えるよう工夫された心理療法としてマイクロカウンセリングがある。マイクロカウンセリングでは、さまざまなカウンセリング技法が「マイクロ技法の階層表」（図9-2）として整理されている。この表の底辺にある技法から習得して実行することで、心理相談が効果的に行われる。なお、この中の「かかわり行動」はすべての技法に重要なものとして習得することで、心理相談が効果的に行われる。

2. スクールソーシャルワーカーによる教育相談

（1）スクールソーシャルワーカー（SSWr）活用事業の歴史と意義・特質

1）SSWr活用事業の歴史と意義

　わが国のスクールソーシャルワーカー（以下SSWr）活用事業は、2008（平成20）年に全国的に始まり、2019（平成31）年からは、すべての中学校区に1万人の配置を目標にし、貧困・虐待対策のための重点配置、高等学校のための配置などにも取り組んでいる。

　岡本泰弘（2008）[2] によれば、SSWrは、「問題を起こす児童生徒の社会的背景や環境要因に対して、関係機関等とのネットワークを活用するなどして、

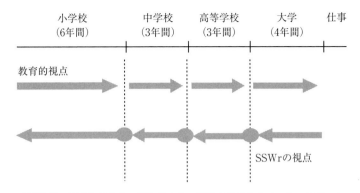

SSWrは、将来を見すえ、切れ目のない援助の視点からソーシャルワーク
活動を行う。

図 9-3　SSW の特質：時間との関係
出典：橋本勇人・橋本彩子（2010）[3] を一部改変

問題を抱える児童生徒に支援を行う専門家」であり、「問題行動を起こす環境
要因、例えば家庭内の問題、児童虐待、友人との不和など本人を取り巻く状況
に着目し、それぞれの児童生徒の環境要因に対して効果的に働きかけることで、
本人の負担軽減を試みたり、周囲から本人への一層の支援が行われたりするこ
と」が大切である。

2）SSW の特質：時間との関係

　スクールソーシャルワーク（以下 SSW）の特質として、人の一生を細かく
分断せず、連続して捉えるということがある。学校教育は、幼稚園・保育所等
→小学校 → 中学校 → 高等学校 → 大学等という順序で時間の流れの連続性を
重視する。それに対し、SSW の場合、ゴールである就労支援（仕事）を視野
に入れてスタートし、大学等 → 高等学校 → 中学校 → 小学校 → 幼稚園・保育
所等に戻るという逆の時間の流れの連続性を捉えながら、現在の支援を考える
傾向があり、ベクトルの向きが異なるとも言えよう（図 9-3）。

3）SSW の特質：地域社会での連携

　教育に対する地域社会での連携の強化という観点から SSW の特質を見てみ
ると、図 9-4 のようになる。児童生徒は、地域社会の中で、校長や担任を中心
とする校内のシステム、教育界のシステム（市町村・都道府県の教育委員会を

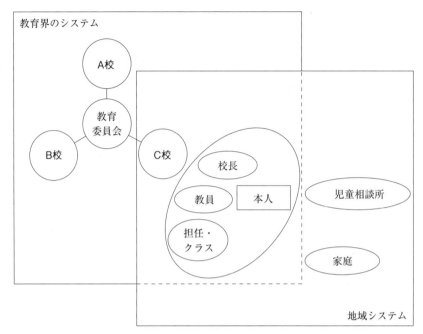

図 9-4　SSW の特質：地域社会での連携
出典：橋本勇人・橋本彩子（2009）[3] を一部改変

含む）、福祉システム（家庭を含む）の中に重層的に属している。この「地域
社会での連携」の中で要となるのが、SSWr である。

（2）スクールカウンセラーと SSWr の違いと協働

　スクールカウンセラーは、いわば、心を治療する専門職であるのに対し、
SSWr は環境の整備にあたる専門職と捉えることができる。スクールカウンセ
ラーが主に対象となる児童生徒の心の治療を中心とするのに対し（家族療法を
用いることもある）、SSWr は広く環境の整備にあたる。

　SSWr はスクールカウンセラーを含む多職種と連携、協働しながら、ミク
ロ（児童生徒や友人、家庭など）・メゾ（学校や地域など）・マクロ（制度や政
策）の視点から状況把握を行い、これらを統合しながら支援することが大切で
ある。その際、単純に原因と結果と考えるのではなく、児童生徒と環境とがお

表9-1 スクールソーシャルワーカーとスクールカウンセラーの違い

	スクールソーシャルワーカー	スクールカウンセラー
基礎となる学問	社会福祉学	心理学
働きかける対象	個人を取り巻く環境	個人の内面
業　務	相談・助言・指導・連絡調整	助言・援助
使用する技法	ソーシャルワーク (ケースワーク・グループワーク・ コミュニティワークなどを統合)	相談面接 (カウンセリング・コンサル テーション)
働きかける場面	学校の内外で、個人と環境の相 互作用の接触面に働きかける	主に相談室で、個人の心理面 に働きかける

互いに影響を及ぼし合っている関係（相互作用）にあり、そのうまくいっていない接触面に介入していくことが必要となる。両者の主な違いをまとめると表9-1のようになる。

3. 精神障害をもつ保護者に対する支援

（1）メンタルヘルス問題を抱える保護者の増加

　現代社会は、情報や競争、管理などに厳しく支配された「ストレス社会」であり、家族や地域との関係の希薄化などが顕著となっている「孤独社会」でもある。その社会環境下において、心をすり減らしながら日常生活を送っている影響か、近年、メンタルヘルス問題を抱える人が急増している。厚生労働省が2017（平成29）年に実施した患者調査[4]によると、精神疾患を有する総患者数は、約419.3万人であり、2014（平成26）年の前回調査より約27万人も増加している。

　特に子育て世代の保護者は、育児に対するストレスや将来への不安、ソーシャルサポートの不足等から、メンタルヘルス問題が生じやすい。例えば、産後に情緒不安定や、抑うつ気分、イライラ感などの症状が生じる「マタニティブルーズ」は、実に約30〜50％の産婦が発症する。さらにその後、抑うつ状態が深刻化し「産後うつ」に移行する産婦も約10％いると言われている。産

後うつ病を発症した産婦は、子どもに対する愛着形成が不安定になりやすく、虐待や、無理心中など重篤なケースに至ることもある。また、子育て世代の保護者は、「キッチンドリンカー」に代表される「アルコール依存症」も発症しやすい。アルコール依存症のある保護者のもとで育った子どもは、自分の考えや行動に確信が持てなくなったり、物事を最初から最後までやり遂げることが困難になったりといった「アダルトチルドレン」となるリスクが高くなっている。

（2）　精神障害をもつ保護者への対応

1）　保育者の役割

　現代の保育者は、メンタルヘスル問題を抱える保護者や精神障害をもつ保護者と対応する機会が多く、その対応を苦手としている傾向がある。なぜなら、保育者が精神保健に関して学ぶ機会はごく限られており、職場に精神保健領域の専門職の配置もなく、専門機関との連携においても乏しいといった現状があるからである。その環境下において、保育者は、メンタルケアを意識した相談援助や、子どもに危機が及ぶ重篤な問題の発見、支援介入の促しなどを気にかけて対応していく必要があり、保護者と良い関係を構築しながら支援を行っていかなければならない。

2）　精神障害の障害特性の理解と関わり方

　精神障害をもつ保護者とうまく接するためには、まず精神障害への偏見を持たずに、障害特性を正しく把握しておくことが必要である。精神障害は、うつ病や躁うつ病などの「気分障害」や、幻覚・妄想などの症状がある「統合失調症」や、「発達障害」など多種多様であるが、それぞれに共通した特性がある。それは、「自身が病気であると気づきにくい」「生活環境や季節、時間帯によっても気分変動があり、病状が安定しにくい」「不安が強く、他者への不信感を持ちやすい」「作業・状況判断・臨機応変な対応が苦手」「コミュニケーションが苦手」「ストレス耐性が低い」「疲れやすい」等である。

　これらの特性を把握したうえで、話をしっかり傾聴し、表情や仕草などのノンバーバル行動にも注目し、相手に合わせた丁寧な対応を行うことが大切であ

る。時には本題に入る前に、相手の話しやすい話題でコミュニケーションを図り、信頼関係（ラポール）をつくることを先決とした方が、問題解決の近道になることもある。

　逆に注意しなければならないこととして、相手のペースに不用意に巻き込まれすぎないようにすることである。精神障害を抱える方の中には、不安になるあまり人に依存的になりやすい方もいる。相談を受ける時間や場所などを定めながら、相手の感情に流されずに、自分の気持ちをコントロールしながら話を受け止める必要がある。

3）　関係機関との連携と困ったときの相談先の確保

　精神障害をもつ保護者に対する支援の基本は、保護者やその子どもの生活上に生じるさまざまな問題に対し、多面的かつ柔軟に対応できるよう、「精神障害にも対応した地域包括ケアシステム」の中で、精神医療・母子保健・児童福祉等の領域の専門職が連携を取り合いながら支援をしていくことである。保育者が個人や所属機関で問題を抱え込まないためにも、連携の中で、困ったときの相談先を確保することは重要である。そのため、保育者は、地域の中で精神保健の問題に強い専門職がどこにいるのかを把握しておき、困った際に相談を持ちかけたり、保護者に相談先として紹介したりできることが望ましい。表9-2に、精神保健に関する専門機関をまとめた。相談先の参考として欲しい。

　また、保護者の精神障害の影響が、子どもに対する虐待にまで及んでいる、または、その疑いがある場合は、相談・通告先として「児童相談所」がある。適切な保護や支援を行うために関係機関が情報を交換し、支援内容を協議する機関として「要保護児童対策地域協議会（以下、要対協）」がある。要対協は、虐待を受けた子どもをはじめとする要保護児童等に関する情報の交換や支援を行うために協議を行う場である。要対協には、精神科医や臨床心理士、精神保健福祉士等が参画しており、協働で問題解決を図ることができる。実際に、協議対象となる世帯の約3割にメンタルヘルス問題がみられるとされている。

表 9-2　精神保健に関する専門機関と業務内容

機関名	業務内容
精神科病院・精神科クリニック	精神疾患に対する治療・助言・援助を提供する。医療機関によっては、「患者相談室」や「地域医療連携室」に、精神保健福祉士など相談援助の専門職が配置されていることが多く、精神障害者が利用できる医療・福祉サービスや制度など、医療・福祉に関する相談も行っている。
精神保健福祉センター（こころの健康センター）	こころの健康についての相談、精神科医療についての相談、社会復帰についての相談、アルコール・薬物依存症の家族の相談、ひきこもりなど思春期・青年期問題の相談、認知症高齢者相談など精神保健福祉全般にわたる相談を行っている。各都道府県・政令指定都市ごとに1か所ずつ設置されている。
保健所	こころの健康・保健・医療・福祉に関する相談、未治療・医療中断の方の受診相談、思春期問題・ひきこもり相談、アルコール・薬物依存症の家族相談など幅広い相談を行っている。保健師・医師・精神保健福祉士などの専門職が対応する。
市町村（保健センター）	保健・医療・福祉について、身近で利用頻度の高い相談に対応している。障害福祉サービスなどの申請受付や相談、保健師による訪問等の支援を行っている。
いのちの電話	自殺を考えている方から、電話を通して悩みを聴いて、心の支えになるように電話相談を行っている。利用者は名前を告げる必要はなく、相談は無料である。

出典：厚生労働省「みんなのメンタルヘルス」[5] をもとに作成

引用文献

1)　日本マイクロカウンセリング学会ホームページ「マイクロ技法の階層表」
　　http://www.microcounseling.com/pdf/hierarchy.pdf（2019年12月5日確認）
2)　岡本泰弘「『スクールソーシャルワーカー活用事業』について」『月刊 生徒指導』第38巻
　　7月号、学事出版、2008年、pp.6-9

3)　橋本勇人・橋本彩子「スクールソーシャルワーカー活用における教育行政・学校教育の課題」『中国四国教育学会教育学研究紀要』第 56 巻、中国四国教育学会、2010 年、pp.328-333

4)　厚生労働省「平成 29 年患者調査」
　　https://www.mhlw.go.jp/toukei/list/10-20.html（2019 年 12 月 5 日確認）

5)　厚生労働省「みんなのメンタルヘルス」
　　https://www.mhlw.go.jp/kokoro/support/3_08_01/consul.html（2019 年 12 月 5 日確認）

第 Ⅱ 部

領域に関する専門的事項・
保育内容の指導法

第 10 章
幼児期における保育の内容（5 領域）

1. 保育内容 5 領域

第Ⅰ部では、幼稚園教諭・保育教諭に求められる教育の基礎的理解等に関する内容について述べてきた。第Ⅱ部では、領域に関する専門的事項と保育内容の指導法について述べていく。

幼稚園教育要領等では、幼児期に育みたい資質・能力（ねらい）や保育者が指導すべき事項（内容）は、5つの「領域」に分けて示されている[1]。「領域」とは、小学校教育以上の「教科」とは異なり、子どもの発達をみるための視点である。

幼稚園教育要領等において示されている5つの領域は下記のとおりである。

領域「健康」	：	心身の健康に関する領域
領域「人間関係」	：	人との関わりに関する領域
領域「環境」	：	身近な環境との関わりに関する領域
領域「言葉」	：	言葉の獲得に関する領域
領域「表現」	：	感性と表現に関する領域

保育者には、これら5領域から子どもの発達を捉え、発達に応じた適切な環境構成や援助をすることが求められる。留意したいのは、実際の保育活動においては、これらの領域のうち1つだけから子どもの発達や活動する姿が現れてくるわけではなく、同じ場面でも複数の視点から子どもの発達について考える

ことが大切となる点である。これら5領域を互いに分離・独立したものとして捉えるのではなく、さまざまな領域が絡み合って相互に影響を与え合いながら子どもの発達が遂げられていくことを理解しておきたい。

2. 領域による子どもの捉え方と子どもへの援助

　砂場で遊んでいる子どもを例として考えてみよう（図10-1）。子どもの活動する姿から、子どもの友だちとの関わり（領域「人間関係」）に関する発達を捉えることもできるし、身近なものや環境との関わり（領域「環境」）から発達の状態を考えることもできる。子どもは、砂や水の感触を味わったり砂や落

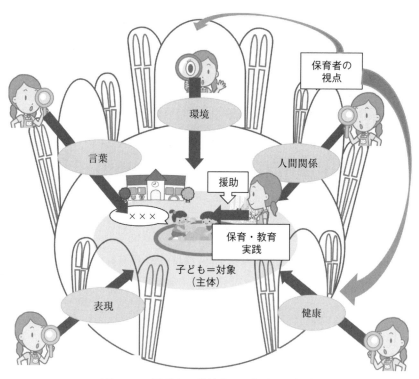

図10-1　子どもの発達をみる視点：5領域

（橋本勇人・岡正寛子・中川智之　作成）

ちている花びらを使ってケーキを作ったり（領域「表現」）、その場で考えたこ
とや感じたこと、したいことやしてほしいことを言葉で表現したりもする（領
域「言葉」）。また、先生や友だちと安定感をもって遊べているか、進んで戸外
での遊びに取り組むことができているかといった視点（領域「健康」）からも
子どもの姿を捉えることができる。同じ遊びの場面であっても、複数の視点か
ら子どもの発達をみることができるのである。

　保育者には、5領域それぞれから子どもの発達を捉え、その時の状況や発達
に応じた適切な援助（言葉かけや環境構成）を構想する力が求められる。なか
なか遊びを楽しむことができていない入園して間もない子どもがいれば、まず
は保育者がそばにいて安心できる環境をつくり、楽しく遊ぶことができるよう
に援助することが大切となろう。1人で遊ぶ姿はみられるが友だちとの関わり
が少ない子どもであれば、保育者も一緒になって山を作ったり、トンネルを
作ったりする中で、周囲の子どもを巻き込んでいき、友だちとの関わりを経験
できるよう援助していくとよいであろう。

　保育者は、子どもの姿をしっかりと捉えながら、どの子どもに、どのタイミ
ングで、どのような援助が必要となるのかを見極め、適切に援助する力が求め
られる。子どもの活動を見守ったり、必要に応じて遊びに参加したり、子ども
同士の関係を仲介したり、遊びの次の展開を考えて環境を再構成したりと、発
達を踏まえた適切な経験を子どもが積み重ねていくことができるように援助し
たい。

3.　幼稚園教育要領等の変遷

　ここでは、文部科学省と長年にわたりわが国における幼児教育を牽引してき
た小田豊（2014）の資料等から、これまでの幼稚園教育要領等の変遷につい
て示す（表10-1）[2)〜4)]。これまでの幼稚園教育要領に示された内容や改正点の
概観をつかみ、現在の幼児教育や領域に関する考え方について確認しよう。
　①　「保育要領」（1948（昭和23）年）
　　　・最初にできた、幼稚園・保育所・家庭における就学前教育のガイドラ

表10-1　幼稚園教育要領・保育所保育指針の変遷

時期	幼稚園教育要領	保育所保育指針	備考
昭和23年	「保育要領」刊行		
昭和31年	「幼稚園教育要領」編集		
昭和39年	改訂「幼稚園教育要領」告示		教育要領の告示化
昭和40年		「保育所保育指針」策定	
平成 元年	改訂「幼稚園教育要領」告示		
平成 2年		改定「保育所保育指針」通知	
平成10年	改訂「幼稚園教育要領」告示		
平成11年		改定「保育所保育指針」通知	
平成18年			教育基本法改正
平成19年			学校教育法改正
平成20年	改訂「幼稚園教育要領」告示	改定「保育所保育指針」告示	保育指針の告示化
平成29年	改訂「幼稚園教育要領」告示	改定「保育所保育指針」告示	

出典：資料[2][3]をもとに筆者作成

　　イン（手引書的性格の試案）。

　・保育内容は「楽しい幼児の経験」として、12項目に分けて示された。

　②　「幼稚園教育要領」（1956（昭和31）年）

　・小学校以上の学習指導要領と同じようなものとなるように、編集された。

　・幼稚園の保育内容について、小学校との一貫性を持たせるようにされた。

　・幼稚園教育の目標が具体化され、指導計画の作成に役だつように示された。

・教育内容は「望ましい経験」として、6 つの「領域」（①健康、②社会、③自然、④言語、⑤音楽リズム、⑥絵画製作）に分類整理し示された。

③　「幼稚園教育要領」（1964（昭和 39）年）

・正式なものとなり、国として告示された（以降の幼稚園教育要領もすべて告示）。

・当時は 1 年保育であり、5 歳の子どもたちは、全国どこの幼稚園でも同じような教育内容で平均的なレベルの教育を受けることができる形が整った。

・教育内容は、幼稚園修了までに達成することが「望ましいねらい」として、6 領域で示された。

・幼稚園教育要領に準ずる形の「保育所保育指針」は翌年の 1965（昭和 40）年に発行された。

④　「幼稚園教育要領」（1989（平成元）年）（「保育所保育指針」は翌年の 1990（平成 2）年）

・25 年ぶりに内容が改訂された。

・学校週 5 日制に向かって進んでいく中で、内容を大まかにしてほしいという要請を受け、まず幼稚園がモデルとして大綱化された。

・小学校の教科を想起させるような 6 領域から、発達の側面である 5 領域（健康、人間関係、環境、言葉、表現）に変更された。

・領域ごとに「ねらい」や「内容」が、到達目標ではなく、方向目標として示された。

・「幼稚園教育の基本」として、「環境を通して行うものである」ことが明示された（しかし幼稚園関係者には、「指導してはいけない」というようにとられてしまった）。

⑤　「幼稚園教育要領」（1998（平成 10）年）（「保育所保育指針」は 1999（平成 11）年）

・「環境」まで子どもに任せてはいけない、計画的な教師の役割がなくなってしまった等の反省から、教師が計画的に環境を構成すべきことや活動の場面に応じてさまざまな役割を果たすべきことが明示された。

・幼稚園運営の弾力化（子育て支援活動、預かり保育）について明示された。

⑥　「幼稚園教育要領」（2008（平成20）年）

・2006（平成18）年に教育基本法が改正され、幼児期の教育について示されたことを受け、「保育所保育指針」と同時に告示された（「保育所保育指針」は初めての告示）。

・教育基本法には、家庭教育、障害のある者への教育上必要な支援についても示された。また、2007（平成19）年改正の学校教育法には、義務教育及びその後の教育の基礎を培うものとして幼稚園が位置づけられた。これらの流れの中で、幼稚園教育要領の改訂も行われた。

⑦　「幼稚園教育要領」（2017（平成29）年）

・「幼稚園教育要領」「保育所保育指針」「幼保連携型認定こども園教育・保育要領」が同時に改訂（定）・告示された。

・上記の3つの要領・指針において、内容や表記の整理が図られた。

・幼稚園教育において育みたい資質・能力と資質・能力が育まれている幼稚園修了時の幼児の具体的な姿である「幼児期の終わりまでに育ってほしい姿」が新たに示された。

4. 幼児期の教育内容と指導法

　本章では、幼児期における教育とその内容を示す領域に関する考え方について確認してきた。次章からは、領域に関する専門的事項と保育内容の指導法について、領域ごとに述べていく。本章で確認した下記の内容を踏まえ、幼児期における活動内容やその指導法等に関する理解を深めて欲しい。

・「領域」とは、小学校教育以上の「教科」とは異なり、子どもの発達をみる視点である。

・保育内容は、5領域に分けて示されているが、これらの領域は絡み合って相互に影響を与えるものである。

・領域ごとに示されている「ねらい」「内容」、幼稚園修了時の資質・能力が育まれている子どもの具体的な姿である「幼児期の終わりまでに育ってほしい姿」は、到達目標ではなく、方向目標である。

・幼児期の教育は、環境を通して行うものであり、保育者は計画的に環境を構成するとともに、活動の場面に応じてさまざまな役割を果たすことが大切である。

引用文献

1)　文部科学省『幼稚園教育要領』2017 年、pp.11-18
　　https://www.mext.go.jp/component/a_menu/education/micro_detail/__icsFiles/afieldfile/2018/04/24/1384661_3_2.pdf　（2020 年 2 月 11 日確認）

2)　文部科学省「幼稚園教育要領改訂の経緯及び概要」文部科学省ホームページ
　　https://www.mext.go.jp/b_menu/shingi/chukyo/chukyo3/026/siryo/07072701/007.htm（2020 年 2 月 11 日確認）

3)　小田豊『幼保一体化の変遷』北大路書房、2014 年、pp.iv-v、pp.1-58、pp.89-103

4)　厚生労働省『保育所保育指針解説』2018 年、pp.11-18
　　https://www.mhlw.go.jp/file/06-Seisakujouhou-11900000-Koyoukintoujidoukateikyoku/0000202211.pdf　（2020 年 2 月 11 日確認）

第 11 章
子どもと健康

1. 領域「健康」において育みたい資質・能力

　領域「健康」は、幼児の健康に関する発達の側面からまとめられたものである。この領域では、「健康な心と体を育て、自ら健康で安全な生活をつくり出す力を養う」[1] ことを目的としているが、幼稚園教育要領等には、その具体的なねらいとして、次の3つが示されている。

（1）明るく伸び伸びと行動し、充実感を味わう。
（2）自分の体を十分に動かし、進んで運動しようとする。
（3）健康、安全な生活に必要な習慣や態度を身に付け、見通しを持って
　　行動する。

　上記のとおり、領域「健康」においては、①伸び伸びと行動することによる気持ち良さ（心情）、②自ら率先して体を動かそうとするやる気（意欲）、③健康な生活を送るために必要な習慣（態度）の3つの要素でねらいが構成されている。室内遊びや戸外遊び、園行事、当番活動等、園生活のさまざまな場面で、先に述べた健康に関する心情・意欲・態度を養っていきたい。

2.　子どもにとっての健康と生活習慣

（1）　子どもの心と身体の健康課題

　子どもの心と身体は、彼らを取り巻く生活環境に大きな影響を受けている。

　表 11-1 に示された現状から子どもが受ける影響は、①体力や運動能力の低下、②けがの増加、③非認知能力（コミュニケーション能力、粘り強さ等）の低下、④自尊感情の低下、⑤生活習慣や生活リズムの乱れ、などが挙げられる。いずれにしても、子どもに原因があるのではなく、子どもが育つことにあまり目を向けていない社会のありようや快適さ・便利さを追い求め続ける大人の都合が、子どもの心と身体の健康課題を生み出している。

表 11-1　生活環境の変化

・核家族化や共働き世帯の増加（親の生活時間が中心となる生活、家庭教育力の低下）
・食生活の変化（ファストフードやレトルト食品、個食・孤食など）
・交通手段の変化（自家用車の利用、交通網の発達による歩く機会の減少）
・遊び場の減少（空き地の減少、公園の遊具の撤去や遊ぶ内容の制限）
・遊び方の変化（スマートフォンやタブレット等の利用の増加）

（2）　健康の定義と健康を決めるもの

　WHO（世界保健機関）憲章の前文によれば、「健康とは、病気でないとか、弱ってないということではなく、肉体的にも精神的にもそして社会的にも全てが満たされた状態にあること」、健康とは「身体的・精神的・社会的に完全に良好な状態であり、単に病気あるいは虚弱でないことではない」と定義されている[2]。この定義の前半に着目すると、思いどおりに体を動かすことができ、いつも心が落ち着いていて、社会からも認められているような立場にいる人間が健康だ、と定義されていることになる。

　では、事故等で身体が不自由になってしまった人や一時的に心が不安定になってしまっている人、失業等で社会的不利を被っている人は「健康」ではな

いのだろうか。「車いすに乗ることになったから、障害者スポーツに目覚めた」「うつ病になったから、自分の心への向き合い方が分かった」「失業を機に、新しく起業した」など、一般的に不良な状態だと考えられる中でも、健康な状態を維持している人は多くいる。人は一生のうちに起こるさまざまな出来事の中で、身体的・精神的・社会的に良好な時もあれば、不良な状態になることもある。どのような状況にあっても、環境に適応していく力が、その人の健康を決めると言えるだろう。

（3）　子どもにとっての健康の意義

　子どもの健康の意義は、大人と比較すると分かりやすい。大人は身体的に成熟状態にあり、それに伴い精神的にも安定している。そのため、健康は日々の生活を維持するために必要なものとなる。一方で、子どもは身体的に絶えず成長しており、また、身近な大人、友だち、保育者、地域の方等との関わりの中で、精神的にもさまざまな経験を積んでいる。つまり、子どもにとって、健康は日々の成長・発達に欠かすことのできないものであると言えよう。

（4）　基本的生活習慣を形成する意義

　規則正しい生活習慣の形成は、健康な心と身体の育ちに欠かせないものである。保育における基本的生活習慣は、「食事」「睡眠」「排泄」「着脱衣」「清潔」の5つ（表11-2）がある。

表11-2　園における基本的生活習慣の主な指導内容

基本的生活習慣	主な指導内容
食事	その子なりに食べること、好き嫌いなく食べること、朝食の大切さ、食事のマナー
睡眠	早寝早起き
排泄	排泄の予告、排泄の自立、排泄後の後始末
着脱衣	着脱の自立、衣服のたたみ方、体温に合わせた衣服調節
清潔	うがい、歯磨き、手洗い、洗顔、汗を拭くこと、持ち物の整理整頓

　基本的生活習慣は、「しっかり食事を取れば排泄が促され、より良い睡眠につながる」というように、1日の生活の中で連動しながら展開される。一つひとつの場面での指導とともに、1日の生活リズムを意識し、良い循環の中で自然に基本的生活習慣が身につくよう支援したい。そのためには、園での指導だけでなく、家庭と連携しながら繰り返し指導していく必要がある。

3. 子どもの身体の諸機能と運動機能の発達

（1）発育と発達
　身長や体重のように、その変化を測定でき、形態的に大きくなることを成長という。身体機能の巧みさや複雑さが増し、質的に向上していくことを発達という。両者は密接に関連しており、身体の発育とともに心臓や肺などの諸機能が発達し、互いに刺激し合い、成長と発達が進んでいく。発育とは、成長と発達を合わせて、総合的に表現したキーワードである。

（2）子どもの全体的特徴
　乳幼児期は、人間の一生を通じて心身の発育がいちじるしい時期であり、生涯にわたる生きる力の基礎が培われる時期とも言われている。特に生後1年は最も発育が目覚ましく、3〜4歳頃にかけて速度が緩やかになってくる。以降は緩やかな発育が続き、思春期には再び加速し、その後また緩やかな発育を経てやがて完了する。
　人間の出生体重は約3kgといわれ、およそ3〜4か月で約2倍、生後1年で約3倍、5歳では6倍に成長する。身長は出生時の約50cmから、生後3か月で約10cm伸び、生後1年で約1.5倍、4歳時には出生時の約2倍になる。頭囲は約33cmから、生後1年で約1.3倍になる。乳幼児の頭部はほかの部分に比較して大きく、全体的に見て胴長で手足が短く見える。発育が進むにつれて相対的に頭の大きさは小さくなる。
　身体内の諸器官の発育を見ると、神経系の発育は乳幼児期に最も急速であり、生殖器系の発育が最も遅いなど、それぞれの臓器別に特有の時期や速度が

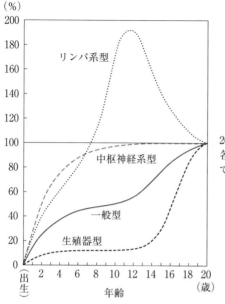

(Scammon RE. The measurement of the body in children. In: Harris JA, et al. editors. The Measurement of Man. University of Minesota Press；1930.)

図 11-1 スキャモンの臓器別発育曲線型
出典：大西文子 編（2012）[3] p.11

ある（図 11-1）。

　子どもの発育・発達は、それぞれの遺伝的素因に基づき、養育条件など環境との相互作用による影響を受けながら進んでいく。遺伝的にも環境的にも一人ひとり異なる子どもの発達は、その違いが個人差となって現れることになる。

（3）運動機能の発達

　乳幼児の運動機能の発達は、頭部から足部に向けて進み、身体の中心部分から末梢部分に向かって広がっていく（図 11-2）。そして、粗大運動から微細運動へ発達していく。乳児の手や足のような身体の大きな部分に見られる、粗大で不器用な運動は、次第に細かな目的に合った正確な運動に発達していく。

　移動運動を見てみると、乳児は生後 3 か月頃に首のすわりがみられ、4 か

月頃には寝返りが、6 か月を過ぎた頃にはひとりでお座りができるようになる。次いで、8 ～ 10 か月でハイハイができ、胴体は床から離れる。つかまり立ち、つたい歩きを経て、1 歳 2 か月頃には約 70％の子どもが一人歩きができるようになる。その後、歩行の安定に伴い、2 歳を過ぎる頃になると走行やジャンプが、3 歳頃には片足立ちが可能となり、止まっているボールを蹴ることもできるようになる。4 歳頃には神経系の発達に伴って身体各部の動きをまとめる能力が高まり、片足跳びなど、よりダイナミックなバランスを必要とする活動が可能と

図 11-2 発達の方向
出典：大西文子 編（2012）[3] p.13

なり、5 ～ 6 歳頃には、スキップなどの四肢を協調的に用いた複雑な運動ができるようになる。

　手先の運動に関しては、新生児期の把握反射の消失に伴って、生後 4 か月頃には意識的な把握運動がみられるようになる。初めは手のひら全体で、10 か月を過ぎた頃には 2 本の指で小さい物を摘まむことができるようになり、1 歳頃には、手を伸ばす・握る・放すといった基本動作が獲得される。その後、3 歳頃には積み木でトンネルを作ったり、鉛筆やクレヨンで丸を書いたりすることができるようになる。4 歳頃には用具を巧みに操作する能力が向上し、はさみで簡単な形を切り取れるようになる。5 ～ 6 歳頃には自分で思った物を書いたり、簡単な折り紙をしたりすることができるようになる。

　このように、移動や操作など基本的な運動の発達は、子どもの行動範囲を広げ、さまざまな物に触れる機会をもたらす。そして、環境に適応する形で、より複雑な運動スキルの獲得を促していく。

4. 子どもにとって大切な運動遊び

（1） 運動遊びの意義

　一般的に、子どもは体を動かすことが好きである。運動遊びは、身体の諸機能の発達を図るだけでなく、遊びを通して喜怒哀楽といったさまざまな感情を感じることで、情緒の安定や精神的発達を促すことができる。また、ルールを守ることや他者との協力を通して、社会性を身につけていくことができる。つまり、運動遊びは身体的側面だけでなく、情緒的側面、精神的側面や社会的側面を併せ持った貴重な営みであり、子どもの心と身体の健康を考えるうえで欠かすことのできない活動である。

（2） 運動遊びにおける幼稚園教諭・保育教諭の関わり

　子どもの運動遊びにおいて、幼稚園教諭・保育教諭はどのように関わっていくべきであろうか。前橋の調査では、プレーパークなどの自然の中での活動では園庭での外遊びよりも歩数が多く、また、同じ園庭での外遊びでも保育者が一緒に遊んだ場合は歩数が多いことが確認されている[4]。つまり、環境要因と人的要因が子どもの運動量に大きく影響を与えるということである。したがって、幼稚園教諭・保育教諭は子どもの発達段階や身体的特徴を理解したうえで、環境を整え、積極的に運動遊びに関わっていくことが望まれる。

　加えて、現代の子どもは昔よりも体力が低いということも十分理解しておかなければならない。子どもの体力は 1945（昭和 20）年頃と比較すると低下傾向にあり、運動経験の不足が主な原因であるとされる。時間・空間・仲間といった三間（さんま）の減少や、運動する子どもとしない子どもの二極化といった背景が、この問題の要因となっている。このような状況から、文部科学省では 1 日に 60 分以上、体を動かすことを幼児期運動指針にて提唱している。さらに、幼児期においては多様な動きを伴う運動遊びに取り組むことを推奨している。

（3） 子どもの運動能力を育む体操活動

　幼児期における体操は、多様な動きを伴う運動遊びの一つとして有効である。体操は動きの中に「走る」「跳ぶ」「支える」「回る」などのさまざまな動作を含んでおり、それが複合的に重なり合って運動が行われている。例えば、マットで行われる「前転（前回り）」という技がある。これは全体の運動経過を見ると「回る」という動作を行っているが、まず両手で身体を「支える」動作を行い、そこから「跳ぶ」ことで前方に「回る」という運動を可能にしている。このように、体操は身体における全面性を伴い、多様な動作を伴うため、子どもの運動能力を育むことのできる重要な活動である。

（4） 体操活動の内容例（マットを使った運動遊び）

　活動を行う際は、子どもの発達段階や身体的特徴を考慮しながら、簡易にしたり、発展させたりしながら適宜アレンジを加えていくことが望ましい。

1） 生き物の歩きかたをまねしてみよう

　図 11-3 から 11-5 のようにさまざまな生き物の歩き方で進んでいく。協応性（手や足など 2 つの部位を同時に動かす能力）や、敏捷性（位置変換や方向転換など、動作を素早くかつ正確に行う能力）を養うことができる。

図 11-3　ライオン歩き　　図 11-4　うさぎ跳び　　図 11-5　クモ歩き

2） やきいもごろごろ

　マットにうつ伏せになり、両手を上げた状態から横に転がっていく。発達段階においては 1 歳 6 か月～2 歳頃以降で可能である。マットから落ちないようにまっすぐ転がっていくことで、平衡性（身体のバランスを保つ能力）を養う

ことができる。友だちと競争をしたり、両手をつないで一緒に転がったりすることで楽しさが増す（図 11-6）。

3）いっしょに前転

友だちと腕を組んでしゃがみ、「せーの」の合図で一緒に前転をして立ち上がる（図 11-7）。前転は早期であれば 2 歳頃から子どもの遊びの中に現れることがあるが、本内容に取り組む場合は年長児以降が望ましい。また、前転が一人でうまくできない子や、恐怖心がある子には無理に取り組ませる必要はない。

図 11-6　2 人組でのやきいもごろごろ

図 11-7　一緒に前転を行う様子

5. 子どもの健康と安全

（1）子どもの病気と適切な対応

子どもは感染症罹患による発熱、せき、嘔吐、下痢、発疹などの症状を出現することが多い。子どもの病気の特徴を理解し、適切な対応をすることは、病気の重症化や感染の拡大を防ぐためにも重要となる。また、子どもの病気は症状が急変しやすいため、体調の変化をよく観察し、対処していく必要がある。さらに、変化に気づく準備として、ふだんの子どもの健康状態を把握しておくこと、いつもと違うと思ったら、全身状態を確認し、機嫌や発熱の有無、食欲や便の性状を観察することが必要である。

（2）子どものけが・事故とその予防

　子どものけがには、発育の段階に応じた特徴がある。子どもの日常生活事故による救急搬送人員数を事故種別（図11-8）に見ると、「ころぶ」と「落ちる」の割合が高い。乳幼児期の体のバランスは、身体の大きさに比して頭部の占める割合が大きいので、体を支えたり、移動したりするときに転倒や転落をすることが多い。また、乳幼児期は心身の発達が未熟であるために、危険の察知や回避ができない。保育者は、子どもの発達過程を理解し、事故防止を心がけることが必要となる。

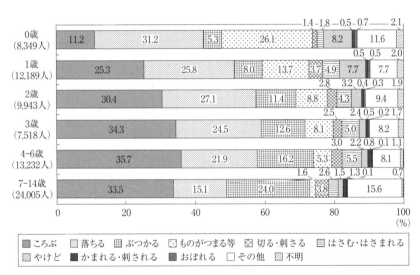

（備考）1. 東京消防庁「救急搬送データ」（2012-2016年）に基づき消費者庁が集計。
　　　　2. 各年齢後の（　）内は2012年から2016年までの5年間の救急搬送人員数。
　　　　3. 四捨五入のため合計は必ずしも一致しない。

図11-8　事故別　救急搬送人数
出典：消費者庁「第1部　第2章　第2節　子どもの事故状況」[5)]

（3）安全教育

　子どもが安全に生活するためには、子どもの発育・発達の特性を理解し、環境構成や安全点検を行っていく必要がある。子どもは身体機能の発達に伴い行動範囲が広くなり、活動も活発になる。遊びの場では、ブランコのそばを通り

抜けようとし衝突したり、すべり台の上で友だちに押されバランスを崩して転落したりするなど、さまざまな事故が発生する。他方で、遊びを通して、ころんだり、ぶつかったりする経験は子どもの育ちに大切なものである。保育活動の中で子ども自身が危険を認識し、安全な行動ができるよう適切に指導していくことが重要となる。また、日々のヒヤリハットを記録し、アセスメントしていくことが再発防止につながる。

引用文献

1)　文部科学省『幼稚園教育要領』（文部科学省『幼稚園教育要領解説』フレーベル館、2018年、p.145）
2)　公益社団法人日本WHO協会『WHOを知ろう』「健康の定義について」
　　https://www.japan-who.or.jp/commodity/kenko.html（2020年2月5日確認）
3)　大西文子 編『子どもの保健 演習』中山書店、2012年、p.11、p.13
4)　前橋明・石垣恵美子「幼児の健康管理 ― 保育園内生活時の幼児の活動内容と歩数の実態 ―」『聖和大学論集』29、2001年、pp.77-85
5)　消費者庁『平成30年版 消費者白書』「第1部　第2章　第2節 子どもの事故状況」
　　https://www.caa.go.jp/policies/policy/consumer_research/white_paper/2018/white_paper_126.html#zuhyo-1-2-2-4（2019年11月22日確認）

第12章
子どもと人間関係

1. 領域「人間関係」において育みたい資質・能力

　領域「人間関係」は、幼児の人との関わりに関する発達の側面からまとめられたものである。この領域では、他の人々と親しみ、支え合って生活するために、自立心を育て、人と関わる力を養うことを目的としているが、幼稚園教育要領等には、その具体的なねらいとして、次の3つが示されている[1]～[3]。

（1）幼稚園生活を楽しみ、自分の力で行動することの充実感を味わう。

（2）身近な人と親しみ、関わりを深め、工夫したり、協力したりして一緒に活動する楽しさを味わい、愛情や信頼感をもつ。

（3）社会生活における望ましい習慣や態度を身に付ける。

　上記のとおり、領域「人間関係」においては、①自分の力で行動できる、②身近な人と一緒に活動できる、③社会で求められる習慣や態度を身につけるという、「自分」「身近な人との関わり」「社会生活」の3つの要素でねらいが構成されていると考えられる。入園当初はまず自分の力で行動ができることを大切にし、園生活に慣れてくると友だちと一緒にする活動を深めていく中で、園外の環境や小学校以降の生活でも役立つ習慣や態度を養っていくことが求められよう。

2. 子どもと人間関係における現代的課題

（1）子どもを取り巻く環境や生活の変化

　社会の変化や機器の発達の影響により、子どもを取り巻く環境や生活は変化してきている。家庭での過ごし方の変化は、子どもの育ちに影響を与えることとなる。

　ここでは、子どもを取り巻く環境や生活について、統計資料を用いて過去との比較を踏まえて現状を示す[4]~[7]。家庭における環境や経験が、子どもの育ちにどのような影響を与えるのか考えてみよう。

○核家族世帯で育つ子どもが増えている（1975（昭和50）年：約70%→2015（平成3）年：約86%）。

○地域の子どもが減っている（「0〜14歳の子どもの数」は、1975年：約2,700万人→2015年：約1,600万人、「全人口に対する子どもの比率」は、1975年：約24.3%→2015年：約12.5%）。

○専業主婦が減り、共働きをする家族が増えた（「雇用者の共働き世帯」は、1980（昭和55）年：約600万世帯→2018（平成26）年：約1,200万世帯、「男性雇用者と無業の妻から成る世帯」は、1980年：約1,100万世帯→2018年：約600万世帯）。

○保育所で生活する子どもが増えている（1997〜2019（平成9〜31）年の保育所利用率の変化は、0〜6歳児：約23%→約46%、1・2歳児：約17%→約48%）。

○離婚が増加している（1975〜2015（昭和50〜平成27）年の変化は、離婚総数：約12万件→約23万件、子どものいる夫妻の離婚数：約7.5万件→約13.2万件）。

○ひとり親の世帯で育つ子どもの割合も増えている（1975年：約1.4%→2015年：約4.4%）。

○乳幼児のいる家庭のメディア所有状況は、テレビ約98%、ビデオ・DVD約83%、パソコン約77%、タブレット端末約38%、据え置き型のゲーム

機約 35％、携帯型ゲーム機約 35％、スマートフォン約 92％（2017（平成 5）年）。

○子ども専用の携帯型ゲーム機所有率は、6 歳児では約 37％（2017（平成 29）年）。

○平日に 1 時間以上テレビ番組（録画を除く）を見る乳幼児は約 77％、2 時間以上見る乳幼児は約 46％（2017 年）。

○乳幼児期の子どもをもつ母親のうち、家にいるときテレビをつけたままにしているのは約 55％、インターネットに時間を忘れて没頭するのは約 43％、ゲームアプリ・ソフトに時間を忘れて没頭するのは約 21％（2017 年）。

（2）　子どもが育つ環境の変化と園における教育の役割

　現在、共働き家庭が増えており、保育所などで過ごす子どもが増えている。子どもにとっては、親子で過ごす時間が減少しており、保育者と過ごす時間が増えていると言える。また、家庭や地域においては、同世代の子どもと関わる経験が減っているだけでなく、地域の家族以外の大人と関わる機会も減っている。

　保護者自体も、以前に比べ他の人と会うことの少ない生活をしている。コミュニケーション全般に関しても、苦手と感じている人が 58％と過半数を占めている状況である（18 歳以上の男女を対象としたインターネットを用いた 2017 年の調査）[8]。1990 年代中頃から、地域の公園に自身の子どもを連れて初めて遊びに行く（いわゆる、「公園デビュー」）に不安を感じる保護者の存在が、マスコミなどで報道されることが増えた。

　街には、人工的な環境が増え、自然のものとの触れ合いが減っている。子どもが、土や砂、草や葉っぱ、水たまりなどで遊ぼうとすると、「汚い」「服が汚れる」と遊びを止める保護者も増えた。大人が作った人工的な環境が増えたため、子どもが遊びで環境に手を加えると怒られる。マンションや街の中などで大きな声や音を出して遊ぶと注意される。家の中では、テレビやテレビゲーム、スマートフォン等で遊ぶ時間が増え、その分、人と関わる遊びや自身で遊ぶ時間が減少していると考えられる。

　このように考えてくると、以前は、さまざまな場所で経験していた子どもや大人との関わりが減少しており、園生活の中で補完する必要が増してきていると言える。家族以外の子どもや大人との関わりがほとんどないまま入園してくる子どもも増えてきており[9]、初めての集団生活の場となる園や、園での生活を援助する保育者に求められるものも変わってきていると言えよう。まずは保育者として、子どもから信頼される存在となるようにしたい。そして、子どもが安心感をもって活動の範囲を広げ、さまざまな友だちや地域の人と関わる経験ができるよう援助していきたい。

　次節では、子どもの人間関係の発達について確認し、領域「人間関係」における子どもの豊かな育ちの援助について検討していく。

3. 子どもの人間関係の発達

（1）乳児期に育つ人と関わる力

　乳児期は身の回りのことの世話をしてくれる身近な大人との関わりの中で、人と関わる力を発達させていく。生後、間もなく発現する微笑（生理的微笑）や空腹や排泄等による不快な気持ちを伝える泣き声は、身近な大人の育児行動を引き出すという意味で、人と関わる生まれ持った力だと言えよう。

　生後1か月頃には、「大人が目を見開くと、赤ちゃんは無意識に目を見開くような表情をする」といった、大人の動作をまねる姿（共鳴動作）がみられ、やがて大人の関わりに同調的に反応したり、子どもの声のトーンに大人も調子を合わせて反応したりする相互作用（エントレインメント）へと発展していく。また、10か月頃には、大人の指さした方向を見て、大人が見ているものと同じものを心の中で共有すること（共同注意）もできるようになる。

　このように、人と関わる力を発達させていくためには、まず応答的な環境をつくることが重要になってくる。乳児の表現に丁寧にやさしく応えることにより、基本的な信頼関係がつくられ、それが人と関わる意欲につながっていくのである。

（2）幼児期に育つ人と関わる力

　乳児期の身近な大人との信頼関係をもとに、幼児期では関わる対象を少しずつ広げていく。幼児期に入ると、自分の力で歩くことができるようになり、周りの環境への働きかけ増えてくる。その中で経験した自信が「何でも自分でやってみたい」という自我の芽生えにつながってくる。実際には、思いどおりにできないことが多く、かんしゃくを起こすこともあるが、見守る、受け止める、気持ちを共感するなどの保育者のさりげない支えによって、安心感を得ながら活動していく。このような信頼できる保育者との関わり方が、その後の人との関わり方のモデルとなるため、保育者は十分に自覚する必要がある。

　幼児期は、友だちと出会う時期でもある。友だちとのつながりは、最初、近接性が大きな役割を果たす。意外にも「近くにいたから友だちになった」ということが多いのである。そこから、同じ動作の模倣や遊びを繰り返していく中で、4・5歳児になるにつれ、特定の友だちとの仲間集団が形成されていく場合が多い。このように、同年齢の子ども同士であればできることも似通ってくるため、気の合う仲間にもなれば、一方で、同じ要求がぶつかり合う相手にもなる。「あの子が持っているおもちゃが欲しい」「あの子と遊びたい」といった自己主張がぶつかり合う中で、自分とは違う相手の気持ちに気づき、自分の気持ちに折り合いをつけたり違う提案を行ったりするようになるのである。

　また、幼児期は集団（クラス）との関わりが始まる時期でもある。集団（クラス）のルールの中で、発表会や当番活動など、複数人の子どもやクラス単位で1つの目標を共有し、意見を出したり、受け入れられたりする経験を積み重ねていく。加えて、運動会等の競技では、自分が所属するチームの勝ち負けの理解は4歳児以降に可能になってくるため、皆で一緒に活動することの楽しさを保育の中に広げ、「集団（クラス）の中の自分」という意識を持つことができるようにしていきたい。

（3）自立心の育ち（発達の姿）

　自立とは、誰かに依存していた状態から独り立ちすることである。乳幼児期に完全に自立できるわけではないが、その育ちは確実に歩みを進めている。

〈事例 1：お弁当包みの片結び（3歳児クラス）〉

　この幼稚園では、お昼ごはんは毎日お弁当である。3学期に入って、保護者の協力のもと、お弁当包みを大きめのハンカチにしてもらい、子どもがお弁当を包む際に片結びを経験できるようにしている。Ｚちゃんは、片結びを始めたころはなかなか自分でしようとせず、保育者の促しがないとしようとしなかったが、ある時に母親から「自分一人で結べて帰ってくれたら、かっこいいよ」と言われたのをきっかけにして、最近は俄然やる気が出てきた様子である。

　その日も一人でチャレンジしていたが、なかなか結べそうにない。周りの子どもはさっと片結びをして片づけていく中、とうとう一人だけになってしまった。保育者は "その結び方だとうまくいかないんだけどな……" と思いつつ、斜め後ろから見守っている。Ｚちゃんは真剣な表情で片結びに挑戦していたが、やがて後ろを振り向き、「先生、できん！」と一言。保育者が「どうしてほしいの？」と優しく声をかけると、Ｚちゃんは「教えてください」と助けを求めた。保育者からコツを教えてもらって、自分でやり遂げることができたＺちゃんの表情はとても達成感に満ち溢れていた。

　何気ないエピソードではあるが、自立に向かう子どもの気持ちの揺れ動きが見て取れる。最後まであきらめずにやり遂げることで自信がつき、それが自分の中で「できる」という実感に変わると、子どもはそれまで依存していた物や人から少しずつ自立を果たしていく。「最後まであきらめずにやり遂げること」は確かに重要なことであるが、その途中で一息ついたり、友だちや保育者に助けを求めたりすることも、これから大人になっていくうえで必要な社会的スキルである。依存と自立を繰り返しながら、なりたい自分に向かって成長していく子どもを、温かく支える保育者でありたい。

（4）協同性の育ち（発達の姿）

　子どもは、1歳半ごろから"自分という存在"に気づき、「ジブンで（何でもする）！」という自己主張を始める。やがて、自己主張をする子ども同士のぶつかり合い（例えば、物の取り合い）を経験し、その中で「相手に譲る」「今は我慢する」などの自己抑制の機能を発達させていく。3歳以降、自己主張や自己抑制を場面に応じて使い分けること（自己制御）が少しずつできるようになってくる。これらの心のメカニズムが、協同性の育ちに与える影響を理解しておく必要がある。

　協同性は、一言でいうと「力を合わせる」ことである。力を合わせることは、何か1つの目標に向かって「同じことをすること」ではない。

〈事例2：お化け屋敷を作ろう（5歳児クラス）〉

　自由遊びのときに、クラスの3分の1くらいの数の子ども同士で、お化けになって友だちを驚かすことがブームになっているようだ。そういった姿から、お化けの絵本を読んでみると、読み終わった後に、「からかさお化けは目が1つしかないんよ」「『ゲゲゲの鬼太郎の妖怪がめっちゃ怖い』って、お父さんが言いよった」など、お化け談議が子どもたちの間で広まった。行事としての親子交流会、そして夏を迎える時期だったので、お化け談議の中で出たお化け屋敷をみんなで作ることを提案してみると、ほとんどの子どもが乗り気になったようだ。

　さらにどんなお化け屋敷にしたいか聞いてみると、「暗いトンネルを作ろう」「お化け懐中電灯を作ろう」「入り口に看板とかいるよね」など、子どもたちの中でそれぞれのイメージはできている様子。保育者は子どもと話をしながら、「お化けの絵を描くグループ」「驚かすための道具を作るグループ」「看板を作るグループ」「トンネルなどの大道具を作るグループ」に分け、それぞれの子どもが興味のある所で思う存分に活動ができるように環境を整えた。

　この事例には、お化け屋敷を作るという目標に向けて、一人ひとりの子ども

が同じことをするのではなく、それぞれの「違い」を生かしながら協同してい
く姿がある。また、それぞれのグループで作る際にも、他の子どもの作品に影
響を受けたり、教える経験をしたり、できないところを手伝ったりなどの姿も
出てくるだろう。グループやクラス全体で何かに取り組む活動は、この事例の
子どもたちのように自然と自己制御の機能を使う機会となる。こういった活動
を保育者が押しつける（例：発表会だからこの劇をします！ など）のではな
く、子どもの興味・関心に沿いながら用意し、「協力しなければならない」で
はなく、「協力するともっとよいことができる」という経験を子どもたちに残
したい。

（5） 道徳性・規範意識の芽生え（発達の姿）

　道徳や規範という言葉は、社会一般で正しいとされている基準のことであ
る。赤ちゃんの時代は、身近な大人との２者関係の中ですべてが決まっていく
が、年齢を重ね集団が大きくなるにつれ、その集団成員（幼稚園児等であれば
「複数の友だち」「班」「クラス」）の中で、決められたルールを守りながら生活
していかなければならない。

> 〈事例３：どこで覚えたんでしょうかね……？ （３歳児保護者より）〉
> 　毎日の連絡帳で、いつもはあまり書いてこられない保護者から、久し
> ぶりに連絡帳への記載があった。「昨日家に帰ってきたわが子が、『庭に
> 横断歩道を書いてくれ』とせがんできたので、地面に書いてやると、
> 『右見て、左見て、もう一度右を見て。手を挙げて渡りましょう』と言
> いながら渡るんですよね。そのあと、『○○ちゃん（お友だちの名前）、
> どうして手を挙げて渡るか分かる？』というところまでまねをしてるん
> ですよね。もうおかしくって！」

　集団で生活するためのルールにはさまざまなものがあるが、大人が決めたも
のを押しつけるのではなく、「なぜそのルールが必要なのか」を考えさせなが
ら、子どもの心に内在化させたい。また、道徳性・規範意識は、身近な大人（幼
稚園等であれば、保育者）の言動や振る舞い、考え等が、子どもにとってのモ

デルになることを十分意識しておく必要がある。

4. 子どもと家庭・地域との関わりと育ち

（1）多様化する家族形態・社会構造の変化が子どもに与える影響

　近年の少子高齢化、人口減少などの社会構造の変化、核家族、ひとり親家庭の増加などの家族形態の変化は、子どもの生活にも大きな影響を及ぼしている。

　少子高齢社会をはじめとした社会構造の変化により、地域関係が希薄化し、基礎的な住民サービスである自治会・PTA 活動、地域行事、見守りなどの実施が困難な状況になってきている。これら住民の互酬性のうえで成り立ってきた住民サービスの衰退は、子どもからさまざまな経験の機会を奪うとともに、子どもたちの安全・安心を脅かすことにもなっている。

　また、家族形態も多様化している。3 世代家族、夫婦と子どもの核家族、ひとり親家庭、子どもと祖父や祖母の家庭などさまざまである。少子化に伴い、1 世帯の子どもの数も少ない傾向にある。2018（平成 30）年の「国民生活基礎調査」[10] において、児童が「1 人」いる世帯は児童のいる世帯の 45.4%、「2 人」いる世帯は児童のいる世帯の 40.4% であることが示されている。これは、家庭の中での異年齢との関わりが少ないということばかりか、地域の中で他の子どもたちと関わる機会も少ないことになる。

　そのため、「地域全体で子どもを育てる」ということを、自然発生的に実施することは難しく、行政や保育・教育関係者、住民による意図的かつ組織的な取り組みが必要になってきている。

（2）家庭・地域で身につける力

　子どもは生活の中で、親との関係や親の姿、地域の人との関わりを通してさまざまな力を身につける。それらの力は、「幼児期の終わりまでに育ってほしい 10 の姿」の「道徳性・規範意識の芽生え」や「社会との関わり」につながるものである。

岩立（2018）によれば、「家庭は子どもが人との関わりを正にスタートさせる場」[11] であり、「子どもは生活の仕方を親から実際の生活を通して具体的に示され、社会で生きるための技能や、ルール・価値や意味を学習していく。この過程を社会化という」[11]。家庭の中において行われた「社会化」は、発達に応じ、徐々に地域、社会全般へと経験の場を広げ、より社会的な道徳性や規範意識を培っていくこととなる。

また、地域の中でのさまざまな職業人との出会いは、子どもたちに「憧れ」を抱かせ、将来の目標となることもある。高齢者との出会いにより、昔の遊びや文化、知恵を知ることで、子どもたちの遊びの幅や視野が広がることもある。特別なことではなくても、地域の人と挨拶をすることで、人と関わるための方法を学ぶこともできる。このように、地域の中での多様な人との関わりは、子どもたちには刺激となり、貴重な体験の機会であるといえる。

（3）保育者としての支援の視点

地域との関係性をもつ園での活動として、さまざまな行事での地域との交流やボランティアの受け入れなどが行われている。例えば、運動会に地域の方が参加するプログラムがあったり、敬老会で地域の高齢者福祉施設を訪問したり、地域の方が所有する畑や田んぼで農作物を育てたりといった活動である。

こういった活動は子どもと地域のみならず、家庭と地域、園と地域をつなぐこともできる。相互につながりを持つことで、顔の見える関係づくりができ、支え合うことができる関係へと発展させることができる。そして、その関係性により、地域全体の教育力が向上することにつながる。

そのために、保育者はそれぞれの地域の実情を把握し、それに応じた保育・教育内容を地域・家庭と連携しながら、計画、実践、評価していく必要がある。その取り組みの過程を大切にすることにより、さらなる効果が期待できる。

引用文献

1) 文部科学省『幼稚園教育要領』（文部科学省『幼稚園教育要領解説』フレーベル館、2018年、pp.285-304）

2)　内閣府・文部科学省・厚生労働省『幼保連携型認定こども園教育・保育要領』（内閣府・文部科学省・厚生労働省『幼保連携型認定こども園教育・保育要領解説』フレーベル館、2018年、pp.386-423）

3)　厚生労働省『保育所保育指針』（厚生労働省『保育所保育指針解説』フレーベル館、2018年、pp.360-395）

4)　国立社会保障・人口問題研究所編『人口統計資料集 2019』一般財団法人厚生労働統計協会、2019 年

5)　内閣府男女共同参画局『令和元年版男女共同参画白書』内閣府、2019 年、pp.114-124
　　http://www.gender.go.jp/about_danjo/whitepaper/r01/zentai/pdf/r01_genjo.pdf
　　（2020 年 2 月 11 日確認）

6)　厚生労働省『保育所等における保育の質の確保・向上に関する基礎資料（保育所等における保育の質の確保・向上に関する検討会（第 1 回）参考資料）』厚生労働省、2018 年、pp.4-7
　　https://www.mhlw.go.jp/file/05-Shingikai-11921000-Kodomokateikyoku-Soumuka/0000207475.pdf　（2020 年 2 月 11 日確認）

7)　ベネッセ教育総合研究所『第 2 回 乳幼児の親子のメディア活用調査報告書』（研究所報 第 68 巻）ベネッセホールディングス、2018 年、pp.18-52、pp.88-91
　　https://berd.benesse.jp/up_images/textarea/%E5%85%A8%E4%BD%93%E9%80%\9A%E3%81%97.pdf　（2020 年 2 月 11 日確認）

8)　JTB コミュニケーションデザイン「コミュニケーション総合調査［第 3 報］『コミュニケーションへの苦手意識』」『News Release』第 21 号、JTB 広報室、2018 年、pp.1-5
　　https://www.jtbcorp.jp/scripts_hd/image_view.asp?menu=news&id=00239&news_no=27　（2020 年 2 月 11 日確認）

9)　無藤隆『社会情動的スキルを育む「保育内容 人間関係」― 乳幼児期から小学校へつなぐ非認知能力とは ―』北大路書房 、2016 年、pp.12-25

10)　厚生労働省「国民生活基礎調査の概況」2018 年
　　https://www.mhlw.go.jp/toukei/saikin/hw/k-tyosa/k-tyosa18/dl/02.pdf　（2020 年 2 月 10 日確認）

11)　岩立京子「生活を通して育つ人との関わり」無藤隆 監修『新訂　事例でまなぶ保育内容〈領域〉人間関係』萌文書林、2018 年、p.124、p.132

第 13 章
子どもと環境

1. 領域「環境」において育みたい資質・能力

　領域「環境」は、幼児と身近な環境との関わりによる発達の側面からまとめられたものである。この領域では、「周囲のさまざまな環境に好奇心や探究心をもって関わり、それらを生活に取り入れていこうとする力を養う」[1] ことを目的としているが、幼稚園教育要領等には、その具体的なねらいとして、次の3つが示されている。

> (1) 身近な環境に親しみ、自然と触れ合う中でさまざまな事象に興味や関心をもつ。
> (2) 身近な環境に自分から関わり、発見を楽しんだり、考えたりし、それを生活に取り入れようとする。
> (3) 身近な事象を見たり、考えたり、扱ったりする中で、物の性質や数量、文字などに対する感覚を豊かにする。

　上記のとおり、領域「環境」においては、①身近な環境や事象に興味や関心をもつ、②子どもが主体的に環境に働きかけ、生活に取り入れようとする、③物の性質や数量、文字等に対する感覚を豊かにするという3つの要素でねらいが構成されている。子どもたちは、自分たちの周囲（園内や園外）の環境に好奇心や探究心をもって関わり、自分の遊びや生活に取り入れていくことで発達していく。そのため、豊かな経験ができるよう、意図的、計画的に環境を構成

することが求められる。

2.　子どもを取り巻く環境

「身近な環境」とは、「いつでも何度でも出会うことができ、生活のなかにあり、子どもの目線から見て遊びや暮らしのなかで慣れ親しむことができる、子どもが手を伸ばせばかかわることができる範囲の環境」[2] を示している。

　子どもたちの周囲には、園内や園外にさまざまなものがある。これらはその対象により4つに大別できる。

①　人的環境：保育者、友だち、異年齢の子ども、家庭、地域の人々など、さまざまな人、及びそれらの人との人間関係

②　物的環境：保育室や園庭、遊戯室などの物理的空間、固定遊具やピアノ、絵本や折り紙といった子どもたちの遊び道具など

③　自然環境：生き物や植物、四季折々の移り変わりなどの自然の事象など

④　社会文化的環境：伝統文化的行事、生活体験を得られるさまざまな施設、情報など

　これらの人的、物的、自然、社会文化的などの環境は、個別に存在するのではなく、同時かつ相互に関連しつつ、子どもの周りにある。子どもたちは、その環境を分類して関わるわけではなく「身近な環境」として関わっている。

　子どもは、身近な環境に興味をもち、それらに親しみをもって自ら関わるようになる。さらに、それらを利用して遊びを楽しむようになり、新たな発見や失敗からの工夫を通して、環境に広がりが生まれる。このように、「子どもの健やかな成長や発達を促すためには、適切な時期に、環境からの適切な刺激が必要」[3] である。

　そのため、子どもの年齢や一人ひとりの心身の発達に応じているだけでなく、試行錯誤し、遊びを深めることや再挑戦することができる「見通し」と「子どもが主体的に働きかける環境」の設定が求められる。

3.　子どもの環境との関わりと認知的発達

（1）　子どもの環境との関わり

　3歳以降の子どもは、身の回りの環境に対して強い好奇心をもち関わろうとする。好奇心とは初めて接する新規なものに対する興味や好み、探究する態度であり、外から与えられる報酬によらない動機づけ、すなわち内発的動機づけの要素である。好奇心を起点にして、子どもは環境について多くの知識を獲得し、社会の一員となる。

　内発的動機づけに由来する好奇心は、子どもを自発的に環境へ向かわせ、学びに導く。例えば、落ちている石を集めている子どもは、ほうびをもらうために集めているのではない。拾ってきた石を大きさの順に並べることでおもしろいと感じているのかもしれないし、それらの石と形が似ている動物をイメージして楽しんでいるのかもしれない。また、このような活動は、その後の社会での自発的な学びの態度を創出する。好奇心と環境が交わるところに、子どもの資質・能力を育てる基盤がある。保育者は子どもの好奇心を尊重し、安心して活動できる環境を整える必要がある。

　なお、子どもの好奇心を高めるためには、子どもが安心できる環境を整備するだけでは十分ではない。子どもが環境と関わるときに、子どもに手応えや達成感を与えてくれる環境が子どもの好奇心を高めるとされる。このような環境は応答的環境といい、内発的動機づけの観点から説明される[4]。内発的動機づけは、環境が子どもの発達水準に対して「適切なズレ」をもったときに喚起されて学びの可能性を最大にし、「適切なズレ」は環境の新奇さが子どもの発達水準よりも少し高い程度のときに生じるとされる。つまり、子どもが好奇心を高めて活動を起こす応答的環境は、「ちょっと手を伸ばせば解決できる状況がある環境」といえる。子どもの発達水準、すなわち資質・能力を見定め、応答的環境を設定することで、子どもは手応えや達成感を感じ、好奇心を高めることができる。

（2）　子どもの認知発達

　子どもの認知発達については、ピアジェの考え方を第3章第1、2節で解説した。ピアジェは子どもの認知が感覚運動期、前操作期、具体的操作期、形式的操作期の4段階を経て発達すると想定している。

　なお、ピアジェは子どもの認知発達の背景に、認知の枠組みであるシェマの存在を想定している。ピアジェは子どもの認知発達をシェマの変化として捉え、この変化が同化と調節というしくみによって生じると考えた。両者を端的に紹介すると、同化は自身のシェマによって環境を理解すること、調節は環境に合わせて自身のシェマを作りかえることである。同化と調節の相補的な働きによりシェマが変化し、認知発達を生成すると考える。

　このようなピアジェの考え方は、子どもが環境に対し能動的に関わって自身の認知を発達させていくことを示唆している。さらに、その認知発達が子どもの独力で達成される見解を示すものでもあった。この見解は「孤独な子ども観」として対立する意見が多く、ヴィゴツキーの発達の最近接領域は最たる例といえる。ヴィゴツキーは他者の援助がなくても問題解決できる水準と、他者の援助によって解決できる水準を分別し、これらの水準の間を発達の最近接領域とした。さらに認知発達が促される最接近領域の環境では、子どもと援助者の相互交渉が必要であることを指摘した。

　発達の最近接領域は、前項の応答的環境と重複するように思われる。ちょっと手を伸ばせば解決できる状況がある環境に子どもを導き、好奇心が高まるタイミングで援助を行う。その結果、認知発達は効果的に促進されて、子どもは豊かな社会生活を送ることが期待できる。

4.　子どもと文字や標識、数量や図形との関わり

（1）　園生活における文字や標識、数量や図形との関わり

　文字や標識、数量や図形は、生活のさまざまなところに存在する身近なものである。園の靴箱やロッカーには、自分や友だちの名前が書いてある。また、一人ひとりにマークが決まっており、自分の使う靴箱やロッカー、椅子などに

そのマークが貼られている園もある。保育室や先生の部屋、トイレを示す絵が部屋の前に掲げられていたり、さまざまな掲示に文字や数字が見られたりする。生活の中で数を数えたり、造形的な活動の中でさまざまな絵を描いたり、さまざまな形の紙やシールを貼ったりすることもある。園の外に散歩に出かけると、「横断歩道」や「止まれ」を示す標識を目にしたり、実際に横断歩道を渡ったりする経験をする。

　文字や標識、数量や図形は身近なところに存在するが、このありふれた存在である文字や標識、数量や図形を、子どもが興味や関心をもったときに取り上げ、その意味や使い方に少しずつ親しんでいくことができるようにすることが大切である。時には、意図的に、子どもが興味や関心をもつことができるよう、保育活動で取り上げることもある。ここでは、文字や標識、数量や図形の性質を踏まえ、保育で取り扱う際の留意点について考えていこう。

（2）文　字

　文字は決まった形を持っており、線で表されるものである。「ひらがな」や「カタカナ」は、形と音とが結びついているものである（例：に、ニ）。これに対し「漢字」は、形と音に、さらに「意味」が結びついているものである（例：荷、煮）。「数字」は、形と意味との結びつきが強く、音との結びつきもあると言えよう（例：2、22、222）。

　読んだり書いたりするためには、その「形」と「音」とのつながりを認識できることが求められる。目の前にある線の形を見て、頭に音が思い浮かぶようになると、読む（音に出して言う）ことができるようになる。

　これに対して、文字を書くためには、紙などの上に表記したい音を示す形を、頭に思い浮かべることができなければならない。そして、頭に思い浮かべた形を、紙などの上に表現する力（クレヨンなどを持ち、思いどおりに動かすことができる力）が求められる[5]。そのため、書くことは読むことよりやや遅れてできるようになる傾向がある。

（3）標　識

「標識」にはどのような性質があるだろうか。標識は、形と意味とが結びついたものである。

先ほど例に挙げた、「横断歩道」や「止まれ」を示す標識は、そこに横断歩道があること、あるいは一度止まって安全を確認する必要がある場所であることを示している。ほかにも、例えば「トイレ」や「〒」のマークとその意味とが結びつくようになると、街の中で、トイレや郵便局（あるいはポスト）を見つけるのに役立てることもできるようになる。

生活の中で、さまざまな標識に触れる経験を繰り返す中で、そのマークと事象のもつ意味や役割との結びつきを感じられるようにしていくことが大切である。

（4）数　量

数量とは、個数（人や物の数）と分量（目方・かさ・割合などの量や程度）のことである。

数に関わる用語としては、下記のようなものが挙げられる[6]。その概念を理解し、子どもの数に関する認識の発達を的確に捉えることができるようにしたい。

数詞：数を表す言葉。

数唱：数の大きさの順序に従って、数（詞）を唱えること。

計数：数を数えること。個物と対応させながら数唱し、個物がいくつあるか知ること。

集合数：集合の大きさ（個数の多さ）を表すもの。（例：3個、3人）

順序数：「何番目」を表す数。大きさや多さと関係ない。（例：3月、3組）

記号数：数詞の順序や多さと関係がなく、便宜的に記号として使われるもの。（例：3チャンネル、背番号3）

数を表す言葉は、覚えやすく自然に口にするようになるが、数の内容は難しい。「1、2、3、……」と音にだすことはできても、数の概念を理解しているとは限らない。具体物を指差しして個物を数える計数ができていても、数の多

さ（集合数）を理解できていないこともある（計数だけを教えすぎると、どの数詞にも1個の個物が対応するために、集合数を理解しにくくなることもあるので留意したい）。また、多さがつかめないうちに数字で計算を教えると、数式の丸暗記に終わることもあるので気をつけたい。

　上に記したような数に関わる概念を整理し、子どもの数に関する感覚がどの程度養われているのか、子どもの姿から見極めることが保育者には求められよう。

（5）図　形

　身の回りには、さまざまな形が存在する。園の中にはさまざまな物があり、その形状は一つずつ異なっている。また、積み木やブロックを組み合わせてさまざまな形を作ったり、紙の上にさまざまな形を表現したりすることもできる。自然の中の木や石にもさまざまな形があるし、水や雲はさまざまに形状を変えていく。

　保育の中では、子どもと一緒にさまざまな形を見ながら、連想を楽しむことがある。積み木の形を組み合わせてできた形や空に浮かぶ雲を見て、「○○の形に見える」と楽しむような時間も大切にしたい。また、型はめ遊びやパズルなど、遊びの中で形に触れることのできるものもある。拾ってきた石を使って、その石の形から想像した絵を描き入れてペーパーウェイトを作ったり、葉っぱを拾ってきて造形的な活動に取り入れたりすることもできる。

　生活や遊びの中でさまざまな形状に触れるとともに、その形状について意識が向くような言葉かけの中で、その形状の特徴に関する感覚を豊かにしていきたい。

（6）指導上の留意点

　文字や数については、子どもの興味や関心、意欲を大切にして、少しずつその感覚を養っていきたい。

　文字は、コミュニケーションに用いられるものであり、子どもはその文字が使われる環境に興味をもつと言える。例えば、保育者が保護者へ手紙を書いて

いるのを見て、子どもも手紙を書きたくなることも多い。文字の形をまだ十分に書くことができなくても、日常生活の中で、文字などで伝えようとする楽しさを味わうことができるようにしたい。また、子どもにとって文字に対する関心は、そのほかの事物に対する関心とさほど変わらない。関心を見逃したり、高く評価しすぎたりしないよう留意するとともに、子どもが興味や関心をもったときに取り上げ、興味や関心をさらに高めていくことが大切であろう。

　一方、機械的に教えようとすると、子どもに負担をかけることにつながりかねない。興味や関心をもち始めた時期に、読み方や書き方、数え方を間違えたとしても、無理に訂正させる必要はない。むしろ、興味や関心をもっていることを認め、少しずつ正しい読みや形に触れる経験を自然に積んでいくことが大切である。そのような観点からも、保育者には、できるだけ癖のない、教科書体の文字を書くことが求められよう。

　文字や標識、数量や図形などに関しては、環境に配慮し、生活の中で少しずつ経験を積むことができるようにすることが大切である。読めないからと言って、周囲に文字や数字があっても無駄だと考えるのではなく、壁面やカレンダーなど、自然な形で文字や数字に触れる経験ができるようにしたい。

　七夕などの行事の際に、大人の力を借りながら、自分の思いや考えを文字に表す楽しさを味わうこともできる。クラスの人数を数えたり、トランプ遊びの中で数や形に触れたりすることもできる。ブランコのゆれる回数を数えて交代したり、玉入れをするときにみんなで一緒に数えたりすることもできる。生活や遊びの中で、自然に文字や数に関する感覚が培われるよう、環境や言葉かけに留意したい。

5. 子どもの生活と情報・施設

（1）子どもの生活と情報環境

　子どもの生活の中で、スマートフォンやタブレット、コンピュータ、テレビなどの情報機器は身近な存在となっている。特に橋元ら（2018）[7] の調査によると、スマートフォンについては、0〜6 歳児の約 6 割が利用している（また

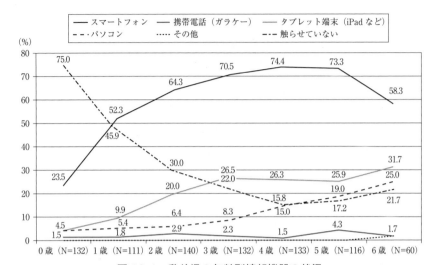

図13-1　乳幼児の年齢別情報機器の状況
出典：橋元良明・大野志郎・久保隅綾（2018）[8]

は触れている）という結果が報告されている（図13-1）。

　スマートフォンを含めたこれら情報機器は、ICT（Information and Communication Technology）の一部であり、子どもにとってはもはや生活の一部になっている。テレビで見た情報が、子どもの話題や遊びにつながることが多々あり、ICTは子どもたちの重要な情報ツールでもある。また、教育場面でも、ICTを活用した授業の実践や情報管理などが行われている。ICTを活用し、視覚的に示すことで、子どもたちは、自分の姿を客観的に捉えて振り返ることができる。保護者は保育・教育の様子を共有することができ、子ども・保護者・保育者の3者間の情報共有を図ることができる。これにより、子どもたちが自分の思いや考えを表現し、思考を深めることに役立っている。

　このように必要性や便利さが認められる一方、直接的な人との関わりの不足や、バーチャルな体験への偏り、子どもの心身の発達、健康への影響が懸念されている。

　そこで、保育者は直接的な体験との関連を意識しつつ、ICTを活用する場面や意義を事前に考え、計画する必要がある。その際、ICTが子どもたちに

とって身近な存在であるからこそ、「情報や機器への関わり方についてどうするか園と家庭で話し合い、機器の利用方法や情報の内容などに関する理解を共有することが必要とされている」と福元（2018）は指摘している[9]。

（2） 子どもの生活と地域の施設

　子どもも地域の一員であり、地域には子どもが豊かな生活体験を得られるさまざまな施設がある（表13-1）。例えば、公園や図書館、公民館、小学校、神社・寺、スーパーや郵便局などである。

　これらの場所は、地域住民が共通して活用する場所であり、施設という「物的環境」として子どもたちに提供されるだけでなく、地域のさまざまな人々と関わることができる「人的環境」、季節によって変化する樹木などに触れる「自然環境」としてなど、さまざまな経験が得られる社会資源であるといえる。

　公共の施設を利用することは、適切なふるまい方や態度、ルールなどを学ぶ機会となる。また、祭りなどの地域行事に参加することは、日本や地域の伝統文化の理解につながる。小学校において小学生と関わることは、異年齢との関わり方を学ぶ機会となるだけでなく、小学校へのスタート準備にもなる。地域の施設を通じて、新たな発見や出来事へと子どもたちの活動が広がってくる。

　そこで、保育者は、身近な地域の施設を把握し、その中で地域の人々との触れ合いや文化に触れるなど、広がりをもった環境設定をしていく必要がある。地域は「拡張された園庭」として捉えることもでき、「地域の中で培われてい

表13-1　地域の施設（用途別分類）

文化施設	映画館、市民ホール、公民館、図書館、美術館、博物館、資料館など
体育施設	運動施設（体育館、武道場、総合運動場）、公園など
教育施設	幼稚園、小・中・高等学校、大学、特別支援学校など
宗教施設	神社、寺、教会など
福祉施設	保育所、認定こども園、老人福祉施設、障害者福祉施設など
医療施設	病院、診療所・医院、保健所など
産業施設	スーパーマーケット、商店、百貨店、工場など
行政施設	市町村役場、郵便局、警察署・交番など

く地域とのつながりは、その後の園づくりや戸外活動の支えに、また園庭づくりのヒントになることがある」[10]と指摘されている。園も地域の施設の一つであることを踏まえ、子どもたちの経験の幅を広げられるように常に見直し、園と地域の双方がよりよくつながっていくことができるよう、働きかけることが大切である。

引用文献

1) 文部科学省『幼稚園教育要領』（文部科学省『幼稚園教育要領解説』フレーベル館、2018年、p.193）

2) 秋田喜代美・増田時枝・安見克夫・箕輪潤子 編『新時代の保育双書 保育内容 環境 ［第3版］』みらい、2018年、p.15

3) 酒井幸子・守巧 編著『保育内容「環境」あなたならどうしますか？』萌文書林、2016年、p.21

4) 首藤敏元「好奇心・探究心を育てる指導」小田豊・湯川秀樹 編『保育内容環境 保育の内容・方法を知る（新保育ライブラリ）』北大路書房、2009年、pp.14-19

5) 高橋敏之「文字の習得と幼児文字の変容」『保育学研究』第33巻第2号、日本保育学会、1995年、pp.16-25

6) 中沢和子『新訂 子どもと環境』萌文書林、2008年、pp.117-132

7) 橋元良明・大野志郎・久保隅綾「乳幼児期における情報機器利用の実態」『東京大学大学院情報学環情報学研究』（34）2018年、pp.213-243

8) 前掲書7) p.218

9) 福元真由美「現代の保育の課題と領域『環境』」無藤隆 監修『新訂 事例で学ぶ保育内容 領域 環境』萌文書林、2018年、p.208

10) 秋田喜代美・石田佳織・辻谷真知子・宮田まり子・宮本雄太『園庭を豊かな育ちの場に』ひかりのくに、2019年、p.74

第 **14** 章
子どもと言葉

1. 領域「言葉」において育みたい資質・能力

　領域「言葉」は、子どもの言葉の獲得に関する発達の側面からまとめられたものである[1]。この領域では、経験したことや考えたことなどを自分なりの言葉で表現し、相手の話す言葉を聞こうとする意欲や態度を育て、言葉に対する感覚や言葉で表現する力を養うことを目的としているが、幼稚園教育要領等には、その具体的なねらいとして、次の3つが示されている。

---

(1) 自分の気持ちを言葉で表現する楽しさを味わう。

(2) 人の言葉や話などをよく聞き、自分の経験したことや考えたことを話し、伝え合う喜びを味わう。

(3) 日常生活に必要な言葉が分かるようになるとともに、絵本や物語などに親しみ、言葉に対する感覚を豊かにし、先生や友達と心を通わせる。

　上記のとおり、領域「言葉」においては、①自分の気持ちや考えを言葉で表現できる、②人の言葉や話を聞くことができる、③伝え合う喜びを味わい心を通わせる、④言葉に対する感覚を豊かにするという、「話す」「聞く」「伝え合う」「言葉に対する感覚」の4つの要素でねらいが構成されていると考えられる。生活の中で心を動かされる体験を大切にし、人に伝えたいという思いを育てるとともに、教師や友だちの話を聞いたり、自分の話を応答的に聞いても

らったりする経験を積み重ねることができるようにしたい。また、生活の中で必要な言葉が分かり使えるようになったり、絵本や物語などと通してさまざまな言葉に触れたりする中で、言葉に対する感覚を豊かに養っていくことが求められよう。

2. 言葉のはたらきと意義

　言葉には、2つの重要なはたらきがある。私たちは、言葉を通して他者と「コミュニケーション」をはかり、自然や社会及び自己について「思考（認識）」する。

　正確なコミュニケーションと深い思考を行うためにまず前提となるのは、単語の「正確な」理解である。私たちは、単語をつないで文を作り、文をつないで文章を形成する。まとまりのある内容を考察する場合も、心情を伝える場合も、多くの場合は文章の形をとる。このとき、単語の理解が不十分であれば、コミュニケーションには誤解が生じ、思考は論理性を欠く。言葉の一つひとつ（単語）を大切にする姿勢が重要である。

　ただ、言葉が虚構性のうえに成り立つものであることも理解しておく必要があるだろう。

　私たちは、自分たちを取り巻く世界に区切りを入れている。顔を目・鼻・唇・頬と分ける。こうしたことを「分節化」と言い、区切りを入れたものに名前をつけることを「概念化」と言うが、これらは文化によってさまざまな形をとる。鈴木孝雄の『ことばと文化』には、次のような事例が紹介されている。英語の「lip」と「唇」では指す範囲が異なる。英語では「bearded lips」（ひげの生えた唇）という表現が可能となるそうだ。すなわち、日本語で「鼻の下」と表現する箇所も、英語では「lip」なのである。また、「water」という言葉は状況次第で「水」のことにも「湯」のことにも使うという例も紹介されている。日本語の「水」は冷たいという性質を持ち、「湯」は熱いという性質を持つが、「water」は温度に関して中立的な性質を持つという。

　日本語を母国語とする人同士でも、言葉の概念がまったく同じわけではな

い。例えば、犬が好きな人と嫌いな人とでは、「犬」という言葉の捉え方に差があるだろう。これが抽象的な概念である「愛」ともなれば、その捉え方は千差万別である。このように言葉の意味は絶対的なものではない。しかし、そうした理解のうえに立って、私たちは言葉の「正確な」意味を共有し、豊かな思考とコミュニケーションにつなげなければならない。

　豊かな思考とコミュニケーションには、単語（語彙）を増やすことも重要である。人の性格を例に考えてみよう。誰もがよく用いる「真面目」という言葉の類義語には、「勤勉、忠実、実直、誠実、殊勝、堅実、真摯」などがある。「勤勉な人」も、「誠実な人」も、「真面目な人」と言うことができる。しかし、どうだろう。勤勉な人と誠実な人では、受け取るニュアンスは異なるはずだ。語彙を増やすことで、ものごとはより正確に捉えられる。より具体的なディテールをもって伝えられる。

　単語を増やす必要性について、もう１つ例を示そう。言葉を知らなければ、ものごとを認識（対象をはっきり捉え、その本質や意味を理解すること）できない。「仮説」「反証」「演繹」といった言葉を知っているだろうか。こうした言葉を知らなければ、科学的なものの見方はできない。「GDP」と「GNP」の違いが分からなければ、経済は語ることができない。子どもに豊かな教育を施すためには、教育に関する専門用語が必要となる。自然や社会のあり様を把握し、専門的な考察を加えるには、多くの言葉を要する。さまざまな言葉を知ることで、より正確にものごとを認識できる。

　ここまでは名詞を例に取り上げながら説明したが、他の品詞の理解が重要なことも言うまでもない。助詞は普段あまり気にとめていないかもしれないが、使い方ひとつでコミュニケーションに齟齬をきたす。言葉の一つひとつに重要な意味があることを理解し、細やかな配慮をして使用するように努めたいものである。

　以上、単語の重要性について述べてきたが、きちんとした文を作ることの大切さについても簡潔にふれておく。文とは、ひとまとまりの考えや気持ちを表したもので、書き言葉では「。」がつく。単語でもコミュニケーションがとれる場合もあるように、１つの単語で文となる場合もある。ただ、誤解のないコミュニケーションを図るためには、言葉を省略せず、分かりやすい語順で伝え

ることを心がけなければならない。

　元来、日本語は語順の自由度が高く、言葉を省略しても文として成り立つ。また、日常の会話をしている場合は、言葉以外の要素もコミュニケーションに重要な働きをしている。共有されている情報以外に、その場の状況、表情、しぐさ、声のトーンなどさまざまな情報がコミュニケーションを支えている。自由気ままに話をしてもさほど誤解は生じない。しかし、電話でのやりとりとなれば情報は少なくなる。メールともなればさらに情報は限られる。このような状況においても誤解なくコミュニケーションを図るには、言葉を省略しないこと、言葉の修飾関係を吟味することが必要になる。受け手の立場にたって表現することが求められる。

　常に、というわけではないが、「いつ」、「どこで」、「誰が」、「何を」、「なぜ」、「どのように」といった要素に対して意識的になることも、誤解のないコミュニケーションを行うためには必要とされる。子どもに対しては、時にこうした語りかけをすればよいのではないだろうか。やや大げさに聞こえるかもしれないが、5W1Hの観点からものごとを注視できるようにすることは、論理的思考力の育成の礎を築くことになるだろう。

　最後に、言葉は認識にも大きな影響を与えるという点にふれておこう。今井むつみの『ことばと思考』によれば、オーストラリアのアボリジニの言語の一つであるグーグ・イミディル語は「前」、「後」、「左」、「右」という言葉をもたないらしい。位置関係の表現が難しく、日常生活にも困るのではないかと思ってしまう。どのように表現するのかというと、彼らは、「リモコンはテレビの西にある」などと言うらしい。彼らのように、絶対座標を持つ人々は、反転した鏡像画像の把握が苦手な反面、車で100キロ以上離れた場所に移動したとしても正確に出発点の方向を指し示すことができるそうだ。獲得する言葉によって、人間のものごとの捉え方、ものの見方は変化していく。

　『ことばと思考』では、言葉が認識、思考、さらには記憶にまでも影響を与えるという興味深い事例が多く紹介されている。そして、言うまでもなく、子どもは0歳から言葉を学び、思考の枠組みを形成している。子どもに接する教育者は、言葉の影響力の大きさを肝に銘じておかなければならない。

　私たち人間は、言葉を通して「思考」し、「コミュニケーション」を図る。また、言葉を学びながら、ものの見方をも学んでいく。豊かな言葉を持つ者は、豊かな人生を送ることができるといっても過言ではないだろう。幼児教育に携わる者は、言葉の果たしている役割の大きさを理解するとともに、教育者自身が言葉を大切にしなければならない。

3.　子どもの言語機能の発達とコミュニケーション

（1）　乳児期

　生後間もない乳児は発声器官が未発達なため、言語を発することができない。ただし、泣くなどの感情の表出を中心に言語機能の発達は進んでいく。

　生後2か月を過ぎたあたりから徐々に、「アー」「ウー」という母音のみを使用したクーイングが出始める。笑う・泣くこと等で快・不快等の自己欲求を示すことができる。生後6か月に近づくにつれ、さまざまな音の表現を発しながら徐々に母音や一部の子音を獲得していく。

　生後6か月から1歳までに自分の声帯を使い、母音と一部の子音にて構成される喃語を発するようになる。母音と子音を活用する分類として、小椋たみ子（2005）は「子音と母音の連続（例：bababa）の重複喃語といろいろな子音と母音の音節パターンの連続（例：bagidabu）の多様喃語に分類される」[2]と述べている。

　喃語を繰り返し発することで次第に喃語にイントネーションが生まれ、徐々に指差しなどの動作に伴う言語表出が始まっていく。言語理解も進み、「○○はどこ？」等の指示的な言語も理解できるようになる。

（2）　幼児期前期

　小椋たみ子（2005）は「1歳前後からあいさつやイナイイナイバーのようなゲーム、動作に伴う語を表出し始めます。また、同じ状況において一定の自分独特の音のパターンで意味を伝えようとする原言語（protolanguage）の出現もみられます」[2]と述べている。

　また、家族などの言葉を聞き、模倣をする中で、意味のある音声を表現するようになる。このころから子どもには「マンマ」「ワンワン」「ブーブー」「バイバイ」などの「初語」が表出する。初語は日常生活の中で大人が使用している言葉を模倣して「一語文」で表出する。この初語に関しては、特定の固有名詞を指しているというより、似ているものを重なった意味、もしくは関連した意味で用いている。

　大迫（2006）は、「使用する語彙については1歳前後では、数語程度であるのに対し、2歳までに300語程度、さらに3歳までに1,000語程度、4歳までに1,500語程度、5歳までに2,000〜2,500程度と言われている。2歳を越えるころから、語彙の数が急速に増加することが理解されよう」[3]と述べている。ただし、語彙の獲得の背景には周囲の環境や個人差があり、それらは個々により大きく異なるため、あくまで目安として捉えていく。

　言葉に名前があることも理解できるようになり、小林春美（2005）が「語彙獲得の初期に過大般用されていた語は、適切なカテゴリーを指示する新しい語を獲得するとともに使用範囲を狭めていきます」[4]と述べるとおり、さまざまな4足動物全般を「ワンワン」という語で表すことから、徐々に「イヌ」「ネコ」という個別に意味を示す語を獲得し、使うようになる。

　また、単語と単語を結びつけ、「ブーブー」＋「ハシル」等の2つの言葉をつなげた二語文を話すことができる。

　生後2歳後半になると、覚えた単語を駆使して、分からないことに対しての質問や感情の表現、自己主張や短い物語を話すことが段階的にできるようになる。語彙数の増加に伴い、2語を組み合わせ、文法的な表現を表出することになる。文法的な間違いこそあるものの、言語での表現をすることで言語学習をしているといえる。

　生後3歳になるまでに獲得した経験や、名詞、感情表現などをもとに、「ママ」＋「オウチ」＋「カエル」等の異なる3つの単語を結びつける三語文も次第に話すようになる。

（3）　幼児期後期

　生後3歳を越えると、日常生活を送るにあたって必要な、語彙及び基本文法構造はおおむね獲得される。一方で認知機能として、相手と話をする際の言語化は可能であるが、大迫（2006）は「この時期は、自我意識が発達してくる時期であり、自己主張も強くなってくる。しかし同時に、自己中心性といった心性特徴を持つため、相手の立場に立って気持ちを考えたり、物事を客観的に理解することが困難である。そのため子ども同士の会話になると、お互いが相手にはおかまいなしに、自己中心的にやり取りをするといった状況であり、なかなか本当の会話が成立することは難しい状況である」[3]と述べている。子どもは周囲の人間とのごっこ遊びや設定遊び等で役割理解をしていき、それが次第に言語的なコミュニケーション能力を発達させていく。

　生後4歳の子どもは、基本言語を安定して使うことができ、言葉を組み合わせて、簡単な文章を作る。表現された文章の内容も徐々に上達し、物語を語ることも可能となる。この時期に本や物語に触れることで、さらなる語彙の獲得と、文法構造理解、言葉や文字の組み合わせの理解が進む。

　生後5歳までに、子どもは物語をたどり、形容詞や前置詞、代名詞、否定語を理解できるようになる。話し方も次第に流暢になり、発音も大人のものに近づいてくる。その後は、遊びや経験を通じて子どもたちの社会ができ上がり、他者に合わせる力や相互的なコミュニケーション能力も獲得していく。

4.　具体的指導に関する内容

（1）　言葉に対する感覚を豊かにする実践

　子どもたちは、乳幼児期から周りの人やもの、ことなどの環境に関わることを通して、感じたことや考えたことを動作や表情など多様な方法で表そうとする。幼稚園教育要領の領域「言葉」には、「経験したことや考えたことなどを自分なりの言葉で表現し、相手の話すことを聞こうとする意欲や態度を育て、言葉に対する感覚や言葉で表現する力を養う」[1]と示されている。そのためには、「『ことば』で伝えたいという意欲に支えられながら、動作・態度・表情などを

含む多様な方法で、思いを伝えようとする心情や資質を育み、さまざまな人と伝え合う喜びを味わえるように育てていくことが大切である。そして、日々、子どもが感じたり考えたりしている思いや願いに沿った適切な教師の援助」5) が大切である。

　そのためには、3歳児、4歳児のときから、心を揺り動かされるような体験や、話すこと・聞くことが楽しくなるような基盤としての人間関係を培っておくことが大切である。そして、体験したことが具体的なイメージとして心の中に蓄積されていくことが、子どもの言葉を豊かにしていく。それらがもととなって、友だちと互いの考えを出し合いながら遊びや生活を創っていく。このようにして、みんなで考えることの楽しさ、話し合うことのおもしろさなどを感じることができるように、子どもたちの内面を豊かに育てていくことが、言葉に対する感覚を豊かにしていくことにつながる。

1）3歳児の特徴と具体的な関わり

① 表情・しぐさ・言葉などから思いや願いを読み取ることで

　初めての集団生活の中で、少しずつ園での生活に慣れ、次第に好きな遊びを見つけて遊ぶようになってきている3歳児は、周りにいる子どもの存在に気づき、近くにいる子どもの様子を見たり気にしたりするようになっていく。しかしながら、まだ自分の思いや願いを言葉でうまく表すことは難しく、一緒にいたい気持ちやかまってほしいなどという願いをうまく伝えられなくて、特定の相手をたたくなど、相手が嫌がるような行動をして、困らせたり嫌な気持ちにさせたりすることも少なくない。

　「このような行為から思いや願いを推察することはできるが、なぜそうするのかという本質的な思いや願いは見えにくい。そこで、教師は、子どもが表現する言葉や行為だけを表面的に受け止めるのではなく、『そのときの目線や動き』『以前とは違う表情や態度』『今までの行動との違い』『家庭での様子』『関わっている相手の行動や態度』などの視点も併せて、そこに込められている子どもの思いや願いを、丁寧に読み取っていくことが大切である」6)。そして、機会を逃さず子どもの願いが実現できるように援助していくことで、教師や友だちに受け入れられ、自分が安定できる場を見つけることができ、さらに自分

からいろいろなものに関わっていくことになると考える。

② 心を揺り動かされるような体験を積み重ねて

「3歳児は、ものやことに十分に関わることで、驚きや不思議さ、疑問やおもしろさなどを感じて、表情やしぐさ、身振り、動き、言葉などで表そうとする。このとき、相手にうなずいてもらったり、言葉で応答してもらったりする」[5]。ことで、楽しくなり、言葉で表現しようという意欲が高まっていく。また、自分の気持ちが相手に伝わっていることが分かると、伝え合う楽しさを感じることができる。そこで、子どもの興味・関心に合った、「おもしろそう」「やってみたい」「どうやったらできるかな」と心を揺り動かされるような体験を積み重ねることで、いろいろなことを感じ、考え、3歳児の内なる言葉が豊かになっていく。

2）4歳児の特徴と具体的な関わり

① トラブルを通して自分の気持ち・相手の気持ちに向き合うことで

4歳児になると、一緒に遊びたい友だちと同じ場で遊んだり、遊具や用具を介して遊んだりする等、友だちと触れ合って遊ぶ姿が見られるようになる。そして、その中で、自分のしたいことや思ったことを自分なりの態度や言葉で表しながら遊ぶようになる。友だちと言葉が交わされる中で、互いの思いが通じ合う喜びや新たな気づき、発見する楽しさを感じ取り、また友だちに自分の思いを伝えながら一緒に遊ぼうとする。しかしながら、友だちと一緒に遊ぶことは楽しいことばかりではなく、自分の気持ちをうまく表現できなかったり相手に受け入れられなかったりすることで、自分の思いどおりにいかず、手が出たり遊びを途中で抜けたりする姿がよく見られる。

〈事例1：「もう、絶対一緒に遊ばない！」（3年保育4歳児　6月）〉

A子は朝登園するとすぐ、「今日、Cちゃんとお庭で『アナと雪の女王』ごっこするの！」と嬉しそうに教師に言う。しばらくして、B子が「Aちゃん、今日も積み木のお家で『アナと雪の女王』ごっこしようよ」と嬉しそうに言うと、A子は「しない！」と強い口調で返す。B子は「もう、Aちゃんとは絶対一緒に遊ばないから！」と怒り出す。

　いつも、一緒に遊んでいるＡ子たち３人は、毎日のように積み木でお城を作ったり踊ったりしながらごっこ遊びを楽しんでいる。この日Ａ子は、昨日遊んでいた総合遊具で、今まで楽しんできたごっこ遊びをしようと思ったようである。Ｂ子は今までの続きをしようとＡ子に声をかけて、いきなり拒否され、今まで楽しく遊んできた相手にどうして強く否定されるのか訳も分からず、Ａ子の言葉に腹立たしさをぶつけたのである。教師は、Ａ子にどうしてしないって言ったのかを言わないと、Ｂ子はとても嫌な気持になったことを知らせる。このあと、教師が間に入って互いの思いや気持ちを伝える場をもち、相手の気持ちや自分の気持ちと向かい合い、どうすれば楽しく遊べるのかを一緒に考えた。

　このように、集団生活の中で、子どもはトラブルを経験しながら、自分の気持ちと向き合い、腹立たしい気持ちをぶつけたり、悔しくて涙を流したり、相手の気持ちを考えたりすることを通して、どうすれば互いに楽しく遊ぶことができるのかを考えていく。この経験の積み重ねの中で、話すこと・聞くことが楽しくなるような基盤として人間関係を培っていくことが、豊かな言葉を育てることにつながる。

②　遊びのイメージを共有することで

　日常生活で目にしたことや体験したことなどを遊びに取り入れながら、子どもたちはごっこのイメージを共有している。

　４歳児のアイス屋さんごっこは、子どもが好きな食べ物の一つであり、紙やカップ等、今まで子どもたちが使ったことのある材料で自分なりに考えて作ることができやすい遊びと考えられる。初めは、「イチゴアイスです」「これはメロンアイス」「上の飾りがかわいいね」などと、作ったものや作り方に興味をもつ姿が見られた。次第に「看板がいるよ」「お持ち帰りの袋があるといいね」「お店をかわいくしない？」「食べるところがいるよね」など、子どもたちが家族と店に行って買ったり食べたりしたときの経験を思い出しながら言葉にする様子が見られるようになった。そこで、それぞれの考えを認めたり、周りの子どもたちに必要に応じて言葉を補足して伝えたりすることで、子どもたちは自分の思いや考えを言葉で伝えたことで遊びがより楽しくなったことへの自信や

自分の思いが友だちに伝わることの嬉しさを実感することができた。

　このように、家庭や地域の中でのさまざまな体験が、子どもの心の中に具体的なイメージとしてため込まれていることが、言葉として表され、遊びを豊かにするヒントになったり、子どもたちが遊びのイメージを共有したりすることにつながる。そこで、体験したことが具体的なイメージとして心の中に蓄積されていくことは、子どもの言葉の感覚を豊かにするために大切なことと考える。

3）5歳児の特徴と具体的な関わり

①　大勢の友だちとめあてを共有し考えを出し合うことで

　幼稚園教育要領（2017（平成29）年改訂）の「幼児期の終わりまでに育ってほしい姿」の中で、「思考力の芽生え」では、「友達のさまざまな考えに触れる中で、自分と異なる考えがあることに気付き、自ら判断したり、考え直したりするなど、新しい考えを生み出す喜びを味わいながら、自分の考えをよりよいものにするようになる」[1] と述べられている。

　5歳児後半の子どもたちは、自分たちで遊びを進めようとする意欲が強くなってくる。劇遊びは、自分たちで課題やめあてをもち、子どもたちがイメージを共有し、思いや考えを言葉で伝え合いながら進めていきやすい遊びの一つである。

　絵本で見たことのある『ほがらか森のくぬぎの木』に興味をもった子どもたちは、自分のなりたい役の面を作り始める。面ができると、「先生、チョウはどこにいたらいいの？」「ハチは？」と尋ねる。すると、「おうちみたいにすればいいが」「チョウはお花畑よね」「この積み木にお花をつけようよ」「ハチは巣がいるんじゃない？」「ええ、どうやって作る？」「まぁるいし……」「そんなの難しい」「草でもいいが、ハチの巣っていろんなところにあるし」などと自分たちで考えを出し合いながら、遊びに必要なものを作り始める。……

　このように、子どもたちが考えを出し合い、刺激し合うことによって、新しいアイディアが生まれる。子どもたちがイメージを共有しながらやり方や遊びの進め方を考えて遊びを進めることで、自分たちで劇遊びを創っていく楽しさを味わうことができる。

② クラスで話し合うことで

5歳児になると、クラスみんなで話し合うことが多くなる。

筆者が勤務していた公立幼稚園では、年長組になると、当番活動以外に係活動を位置づけている。係の仕事は、クラスの中だけでなく園全体に目を向け、自分たちの生活に必要な仕事を自分たちの力でしていく中で、自分からしようとする自主性や最後までやり遂げようとする責任感、仕事を分担したり助け合ったりして進めようとする態度などが育っていくことを期待している。

砂場係・うさぎ係・水やり係などみんなで仕事を決め、仕事内容ややり方について話し合う。実際に仕事を始めてみると、「係の人がもう誰も仕事をしてなくて、1人でするのは嫌だ」「先に仕事が終わっていてすることがなかった」「いつ始めていいか分からない」など問題や不満をもつ子どもが多くなる。そこで、仕事をしてみて気づいたことや困ったことなどをクラスのみんなで話し合う機会をもつ。「同じ係の人が一緒に仕事を始めればいい」「みんなが来るのを待ったらいい」「ずっとみんなが来るまで待っていたら遊べないから、時間を決めたらいい」などの考えが次々出される。仕事を始める時間を9時と決め、仕事をしてみると、「いつ仕事を終わればいいのか分からない」「先に仕事をやめて遊んでいる人がいる」「まだ、仕事が残っているのに」と新たな問題や不満が出る。再びクラス全体の問題として話し合いの場をもつと、「終わりの時間を決める」「旗で終わったことを知らせる」「当番が終わったことを知らせる」など、いろいろな考えが出され、終わりの時間をみんなで決めてやってみることになる。……

問題や不満を感じている子どもが増えた頃に話し合いの機会をもつことが、自分たちの問題として意識することにつながり、みんなが納得できるやり方を話し合うことができる。

このように、友だち同士でいろいろな意見を出し合うことで、よりよい考えが生まれ、自分たちの遊びや生活を楽しく充実したものにすることができることを経験する。そして、自分たちの願いが実現し達成感や満足感を味わうことで、また新たなめあてや課題に向かっていくことができる。そして、友だちと考えを出し合いながら、遊びや生活を創ることを通して、子どもたちの言葉に

対する感覚が豊かに育まれる。

（2）児童文化財を使った実践

1）保育と児童文化財

『改訂新版　保育用語辞典』は、児童文化財を次のように説明している[7]。

> 子どもの成長を支える文化財。広義には、子どもに直接・間接に影響を与える
> すべての事象を指すが、狭義には、主に大人が子どものために用意する文化財を
> 指す。具体的には玩具・遊具、遊び、お話、本（絵本・児童文学など物語）、紙芝居、
> 児童劇、人形劇、指人形、影絵、パネルシアター、ペープサート、映画、テレビ、
> 音楽、歌などが挙げられる。

　なかでも、絵本や紙芝居は、幼児が園で言葉に直接出会うとても身近な児童
文化財である。幼稚園教育要領、保育所保育指針、幼保連携型認定こども園教
育・保育要領など各要領・指針にも、絵本や紙芝居は幼児の健全な発達を促す
ものとして挙げられている。例えば、『幼稚園教育要領解説　平成30年3月版』
には、「言葉」の領域のねらいとして、「日常生活に必要な言葉がわかるように
なるとともに、絵本や物語などに親しみ、言葉に対する感覚を豊かにし、先生
や友達と心を通わせる」[1] と掲げられている。

　絵本は、絵と言葉で構成された1冊の本であるが、ストーリーはもちろん、
表紙から見開き、本文、裏表紙の絵のタッチやデザイン、文字の配置や色、本の
大きさ、用紙の材質など、隅々まで作者の思いが込もった作品である。読む人の
ペースでページをめくりながら読み進めていき、1人でも、大勢でも楽しめる。

　紙芝居は、集団へ演じるために、日本で誕生した児童文化財である。読み手
と聞き手が対面し、速度やタイミングを工夫しながら画を抜き差しし、芝居と
名がつくように役に合わせて演じるように語る。

　絵本と紙芝居は取り扱い方が異なるが、発達段階や環境を考慮しながら、適
切に取り入れていきたい。

　保育者は、そのときの幼児の実態に沿った絵本や紙芝居に幼児が出会うこ
とができるように橋渡しをする役目を担っている。幼児は、信頼関係が築かれ

た保育者や友だちと一緒に、先生が選んだ絵本や紙芝居に触れる楽しさを味わう。その中で、今まで知らなかった言葉や話、語り方に触れ、自然に言葉の感覚を豊かに育んでいく。

　また、身の回りの生活や自然、季節の移り変わり、日本や外国の文化などについても、絵や言葉を通じて知ったり、感じたりしながら、自分の世界を広げていく。さらに、自分の知っていることと照らし合わせながら、自由に想像し、先生や友だちとその思いを言葉や動作で伝え合うことを楽しむことも多い。10分間ほど絵本を見る活動を通して、言葉で紡がれた話を聞く、読み聞かせの中で文字を見る、話を聞きながら、絵を見て考えたり想像したりする、言葉で相手に伝える、相手の思いや考えを聞く、とあふれるほどの言葉との触れ合いを経験する。しかし、保育者がどんな絵本、紙芝居を選ぶかによって、幼児の反応は大きく違ってくる。そこで、以下では、絵本について述べていくことにする。

2）絵本との豊かな出会いをつくるために

　次の事例は、某公立幼稚園の異年齢集団で読み聞かせを行ったときのものである。

〈事例2：『おばけのバーバパパ』[1]（3歳児4名、4歳児3名、5歳児3名　9月）〉
　3歳児にはお話の内容が難しかったようで、ぼんやり、もしくは、表情を変えずジーッと見ていた。4歳児は「階段になった！」など、バーバパパが次々に形を変える様子や動物の登場を喜んだ。5歳になると、「バーバパパ、かわいそうじゃ」「頭いいなあ！」「お母さん、勝手じゃなあ」など、登場人物の気持ちを感じながら、口々につぶやいたり隣の友だちに伝えたりしていた。

---

[1] アネット・チゾン、タラス・テイラー（著）、やましたはるお（訳）、偕成社　大型本。
　バーバパパがフランソワの家の庭から生まれるが、「バーバパパが大きすぎて家には置けない」とお母さんに言われ、動物園に送られる。バーバパパは動物園から抜け出し、町中で事件に出会い、次々に人々を助けて町の人気者となり、最後にはフランソワの家に歓迎されるというお話。

　1冊の絵本を読む中で、年齢により、これだけの違いがみられる。4〜5歳児は、動物園に遠足で行っていたという経験も3歳児とは異なる。

　読み聞かせを行う際には、聞き手となる幼児をイメージし、子どもの発達、興味、経験などを踏まえて、その時期の幼児の実態に合った題材を選び、話の内容を理解し楽しむことができるかを考えることが大変重要である。「このお話、おもしろい！」「すごい！」「同じようなことをしたことある！」など、幼児の心をゆさぶることで、もっとお話を聞きたい、自分の知っていることや考えを話したい、という思いにつながり、言葉に関する活動が自然に豊かになる。

　以下に、幼児と楽しむ絵本を選ぶ際に考慮する点をいくつか挙げる。

A.　季節や行事と関連するものを

　四季がある日本で生活する幼児にとって、季節の移り変わりを感じながら暮らすことは、日本に暮らす人としての感性を育む。季節に応じた絵本の中で、「雪がしんしんとふる」「梅雨」など、気候や事象に合った言葉に出会うことができる。春には春、夏には夏の絵本を見ることで、「あ、あのお花。幼稚園に来るときに咲いていたよ」「タンポポっていうよ」「カブトムシ、うちにいる。まだあかちゃんよ」「へえ、幼虫？」など、絵本と自分の身の回りの事象とを関連づけることができ、保育者や友だちと思いや考えを言葉で伝え合いながら読み進めることができる。

　一方で絵本と出会うことで、身の回りの季節の事象に関心をもつきっかけにもなる。『ふゆめがっしょうだん』（福音館書店）では、写真で冬の木々の芽が紹介されているが、5歳児に読み聞かせをした翌日、A児は、ビニール袋にたくさん集めた冬芽を持ってきて、誇らしそうに見せてくれた。ちょっとかわいそう……とも思ったが、A児にとっては、絵本で見たものが目の前に現れ、衝撃的な喜びであったことが想像できた。そして、毎日見かける木の芽にもそれぞれに名前があることを知ることにつながった。

　また、季節や風土に合わせた行事や文化、またその季節の人々の暮らし方が描かれている絵本がある。お正月、節分、こどもの日、七夕、秋祭り、クリスマスなど、語り継ぎたい日本の行事の意味や由来などを絵本を通して伝えてい

きたい。

B. 幼児自身の体験と結びつくものを

　入園・進級、水遊び、運動会、いもほり、遠足など、園生活で行われていることに触れている絵本、また、食事や入浴、睡眠、おでかけなど家族との関わりや日常のふとした風景を切り取った絵本がある。幼児の家庭や地域、園での生活を見つめながら、それに沿った絵本を読むと、幼児は登場人物になりきり、ドキドキしたり、わくわくしたり、共感したりする。それは、自分が経験しているからこそ生まれる感情である。

　『せんろはつづく』を2～3歳児に読み聞かせた。最後のページで、「みんなをのせて　れっしゃがはしる　せんろのうえを　れっしゃがはしる」[8]と読み終えたときに、それまでじーっと聞いていた3歳のB児が、「どこいくのかなあ？　んー○○○かなあ？」と、つぶやいた。○○○とは、近隣の大型スーパーの名前である。お話の場面設定は深い森の中である。しかし、B児は、家族とよく出かける状況を思い出し、絵本のお話と自分の経験を重ね、自分なりにイメージを広げ、考えることを楽しんでいる。0歳児から読み聞かせの経験が始まり、それまで何も言葉を発さなかったB児が、初めて感じたことをうれしそうに話す姿に感動するとともに、読み聞かせの経験を積み重ねることで、幼児の想像力を育てる絵本の力を改めて感じる場面であった。

C. 年齢・人数への配慮を

　0歳児と5歳児では、楽しめる絵本が異なる。0歳児では簡単な言葉の繰り返し、もしくは文字のない絵本から始まり、次第に生活の中で使う言葉が登場し、5歳児になると、人の心の動きを表す文章も理解できるようになる。子どもの発達や興味、経験などに合った絵本に出会ったときの幼児の感動は、読み手にまで伝わってくる。『くだもの』（福音館書店）を読み聞かせたときのことだった。1歳児C児は、絵本に登場するくだものをペロっとなめてにこっとする、2歳児D児は、そのくだものを「あなたにもどうぞ」という手振りをして、読み手に渡そうとする――このように、その年齢なりの大人との関わりを幼児は本当に喜ぶ。言葉はなくても、大人との会話を楽しんでいることがうかがえる。

　異年齢集団のときは、発達段階が異なると選書が難しいが、『いただきバス』（スズキ出版）、『もこもこもこ』（文研出版）など、話の内容は単純でも、描かれた絵からいろいろな発見ができたり、聞き手が自由に絵の意味を想像できたりする絵本を選ぶと、その年齢なりの楽しみ方ができる。

　読み聞かせる集団の人数にも考慮したい。例えば『ちいさいおうち』（岩波書店）は、町の情景の移り変わりがやさしいタッチで細やかに描かれており、1対1で隣り合ってみるときには、絵についていろいろな発見があり、それぞれの思いを伝え合うことを楽しむことができる。半面、大勢の前で読み聞かせるには、絵がはっきり見えなくて、集中しにくかったり、話が伝わりにくかったりすることがある。大勢のときは、絵が大きくて、色遣いがはっきりしている絵本や大型絵本などを利用する方法もある。

D．日本の昔話を楽しむ

　昔話は、名作と言われるものが多い。『さんまいのおふだ』[9] を例にとる。お尚さん、小僧、白髪のおばばなどの登場人物、「ひとえだきっちゃぶっつかね」「まあだまだぴーぴーのさかり」など言葉のリズムのおもしろさ、そして、「むかし…」で始まり、「いちごさかえたなべのした　がりがり」でお話を終える、など昔話特有の表現がちりばめられている。幼児にとって、自分の生活では使わない初めて出会うような言葉や文章ばかりだが、お話に合わせた絵と調和して、その表現を自然に受け入れる。内容も、自分では経験しない不思議なこと、勇気づけられる主人公の行動、人として教えられるような筋書がみられ、幼児は真剣な表情で聞き入っていることが多い。日本で暮らす人として、日本語独特の表現、文化に出会う大切な機会である。4歳頃から徐々に楽しめるようになってくるので、幼児の生活にぜひ取り入れたいものである。

　上記4点と年齢を考慮し、実際に、絵本の読み聞かせをしたときに喜んで見ることのできた絵本の一例を表14-1に挙げる。表中の「種類」A〜Dは上記4点を示している。

表 14-1　絵本の一例

書名（出版社）	種類	年齢
おつきさまこんばんは（福音館書店）	A	1、2 歳
りんごがたべたいねずみくん（ポプラ社）	A	2、3 歳
さんびきのやぎとがらがらどん（福音館書店）	A	3、4 歳
スイミー（好学社）	A	4、5 歳
きんぎょがにげた（福音館書店）	A・B	1、2 歳
どうぞのいす（ひさかたチャイルド）	A・B	3 歳
ぐりとぐら（福音館書店）	A・B	3、4 歳
ねずみのかいすいよく（ひさかたチャイルド）	A・B	3、4 歳
さつまのおいも（童心社）	A・B	3〜5 歳
からすのぱんやさん（偕成社）	A・B	4、5 歳
わんぱくだんのはしれいちばんぼし（ひさかたチャイルド）	A・B	4、5 歳
そらいろのたね（福音館書店）	A・B	5 歳
はらぺこあおむし（偕成社）	A・C	1〜5 歳
がたんごとんがたんごとん（福音館書店）	B	1、2 歳
もりのおふろ（福音館書店）	B	3、4 歳
100 かいだてのいえ（偕成社）	B・C	4、5 歳
ぱんだなりきりたいそう（講談社）	C	1〜5 歳
ちからたろう（ポプラ社）	D	4、5 歳

3）絵本に親しみ楽しさを味わうための援助のポイント

　環境を整え、落ち着いた雰囲気の中で絵本にふれる経験を積み重ねることで、幼児のお話への興味や集中して聞く力、想像する力は次第に養われていく。

① 読み聞かせをする環境を整える

　読み聞かせをするにあたって、絵本がよく見えて、物語の世界にスッと入り、途中切れることなく最後まで物語にひたれるように準備することが基本である。

　　㋐保育室のコーナーのような、幼児が集中しやすい場所。外の雑音が入らないよう窓を閉めるなど工夫する。

⑦読み手である保育者の後ろ側に、幼児が興味をもちやすい物がない場所。ガラス窓など外の様子が気になる場所は避ける。

⑰全体を見回し、絵本が見える位置に幼児全員がいるかを確認してから始める。

㋤始まる前に用便を済ませる、手に玩具などをもって集まらない、など声をかけ、落ち着いた気持ちで読み聞かせを始められるようにする。

②　絵本の世界を楽しむために

適切な音量で、はっきり発音して読むことが基本である。時間がないからと文を省略したり、自分の言葉を加えて話したりしないで、作者の絵本に対する思いをそのまま幼児に伝える。絵本の中にはいろいろな役があるが、声色は使わない。例えば、「ガラガラ声のオオカミ」のセリフを保育者のイメージした声色を使って読むと、そのイメージが幼児に定着し、幼児の自由な想像を妨げてしまう恐れがある。個々の幼児がもつガラガラ声のイメージを大切にしたい。幼児同士で「オオカミのガラガラ声ってどんなだろう？」と、考えを伝え合うきっかけになるかもしれない。

さらに、絵本を読み進めるうちに、幼児はさまざまなことを感じ、言葉にする。その思いを保育者に伝えたり、隣の友だちと分かち合ったりする。言葉を交わし合うとても大切な瞬間である。このときも、幼児の気づきや考えをしっかり受け止めることが大切である。しかし、幼児の発言を保育者が評価したり、保育者の絵本に対する思いを一方的に幼児に伝えたりすることは避ける。絵本に対する気づきや感想というのは千差万別で幼児も同じである。個々の思いを大切にすることで、自由に発想したり、安心して自分の考えを話したりできる心情を養えるような関わりをすることが大切である。

また、言葉では何も言わなくても、いろいろなことを感じている幼児もいる。何も言わないからと言って、「Eちゃんは、どうだった？」とわざわざ感想を引き出すのではなく、自分の内で絵本の感想を味わっている気持ちを大切にしたい。

③　読み聞かせをした後は……

読み聞かせ後は、幼児が手にとれる場所に絵本を置いておき、いつでも見る

ことができるようにしておく。自分の手でめくって、間近で文字や絵に興味を
もって見ることで、自分で文字を読んでみようとしたり、この文字がこの絵を
表していると見比べてみたりと、その幼児の興味に合わせて絵本を楽しむこと
ができる。1人でじっくり本を読む楽しさを味わう素地になるのではなかろう
か。

（3）わらべ歌を使った実践

　わらべ歌とは、『日本大百科全書』において、次のように説明されている[10]。

> 　遊びなどを通して通時代的に伝承されてきたものをさすものも多く、伝承動謡
> と呼ばれる。伝播や伝承の過程で方言の影響を強く受けており、歌詞、曲調とも
> に同系統の曲でも千差万別の変異形を示す。ことばは、数を順番に織り込んでい
> く数え歌やしりとり押韻など「ことば遊び」の形態をとるもの、掛け声的なもの、
> 自然や年中行事を歌い込んだもの、早口、悪口の類が多い。音楽的には、二音、
> 三音など比較的単純で歌いやすく、リズムもパターン化している。大多数は身体
> 動作あるいは運動を伴い、少人数ないし大ぜいそろって遊び歌うところから、形
> 式感も明白である。

　わらべ歌は、ずっとずっと昔から遊びや生活を通して祖母から母へ、母か
ら子へ、子からまたその子どもへと、黙々と受け継がれてきた歌である。メロ
ディーも5音「ドレミソラ」の音が多く使われ音域が狭く、小節が短く、音の
飛躍も少ない。そしてリズムも複雑でないため子どもに合っており、無理なく
歌え、聞きやすい。以上のことから、耳を傾けたり、あやし、遊んでくれる大
人の顔をじっと見つめたりする質の良い遊びとなり、信頼に応える力を育む。
さらに、意味のない分からない言葉で構成されたにもかかわらず、動きと遊び
が一体となっていて、遊びながら身体のいろいろな部分を動かすので身体機能
の発達を高める。

　特に、小さい子にとってわらべ歌は、その優しい語感が母国語の離乳食とな
るといわれている。機械から流れる音ではなく肉声で歌ってくれる心地よい響
きに、脳がリラックスし、情緒が安定するというのである。繰り返し遊んでも

らうことで、子どもたちは、知識や知恵を得る基盤を培う。そして、大きくなると、感性や情緒を育て、社会性や集団での振る舞い、他人への思いやりなどを学ぶ。友だちと上手に関わることができる力は、大人が教えて育つものではない。集団の遊びや生活の中で育てないと、「人」にはなれない。

　わらべ歌は自分で見つけ、自分で考え、自分でルールを作って自分から参加する遊びである。自分で遊んでこそ遊びなのである。遊びを通して遊ばなければ育たない体をつくり、五感を育て、生きるための知恵や技を身につける。また、信頼し合える仲間の中で遊びを通し助けたり助けられたり、いじめたりいじめられたり、主張したり主張が通らなかったりという経験をしていく。こうしたいときにはどういう言葉を使って相手に伝えればよいか分かってくるという、人生で一番大事な「人との関わり」を学んでいく。

　『桃太郎』をはじめ『おおきなかぶ』等、子どもの絵本は繰り返しが多い内容である。子どもは、「こうなるぞ、こうなるぞ」「うんとこしょ、どっこいしょ」「ほ～らこうなった」「言うぞ、言うぞ」「ほ～ら言った」という繰り返しが大好きなのだ。自分の期待どおりに応えてもらうというのが、うれしいのであり安心なのである。この「期待する」―「それに応える」というやり方が、保育者（大人）との愛着関係や信頼関係をつくっていく。人間はこの期待に応えるというやり取りの中で言葉を覚えていくのである。楽しさと一緒に覚えた言葉は忘れない。雰囲気も含めて記憶して成長していく。

　わらべ歌は教育・保育現場において、何の道具も持参しなくても、室内外を問わず、少しの時間、空間があれば子どもたちと共に楽しんだり触れ合ったりすることができる遊びである。保育者の心と口と優しいまなざしがあれば楽しめる遊びである。また、わらべ歌は地方によっても違う。時代によっても違う。わらべ歌遊びは、口から口へ、肌から肌へ、楽しみながら触れ合いながら、しみ込むように伝えられていくものである。自分だけの「わらべ歌の歌い方」でよい。音符に合わせるのではなく、目の前の遊んでいる子の呼吸に合わせてたくさん歌ってあげよう。

引用文献

1) 文部科学省『幼稚園教育要領』（文部科学省『幼稚園教育要領解説』フレーベル館、2018年、p.64、p.213

2) 小椋たみ子「音韻の発達」岩立志津夫・小椋たみ子 編『やわらかアカディミズム・〈わかる〉シリーズ　よくわかる言語発達』ミネルヴァ書房、2005年、pp.32-33

3) 大迫秀樹「ことばはどのように育つのか―ことばの発達―」太田光洋 編著『保育・教育ネオシリーズ［20］保育内容・言葉』同文書院、2006年、pp.31-32

4) 小林春美「幼児期以降の語彙発達」岩立志津夫・小椋たみ子 編『やわらかアカディミズム・〈わかる〉シリーズ　よくわかる言語発達』ミネルヴァ書房、2005年、p.40

5) 小合幾子「子どもの『ことば』を豊かに育むために」『幼稚園じほう』全国国立幼稚園園長会、2013年、pp.23-26

6) 岡山大学教育学部附属幼稚園『研究紀要』（35）、2011年、p.57

7) 谷田貝公昭 代表編集『改訂新版　保育用語辞典』一藝社、2019年、p.196

8) 竹下文子 文、鈴木まもる 絵『せんろはつづく』金の星社、2003年

9) 水沢謙一 再話、梶山俊夫 画『さんまいのおふだ』福音館書店、1985年

10) 『日本大百科全書　24巻［第2版］』小学館、1994年、p.835

第 **15** 章
子どもと音楽表現

1. 領域「表現」において育みたい資質・能力
　（音楽表現・造形表現・身体表現）

　領域「表現」は、子どもの感性と表現に関する発達の側面からまとめられたものである[1]。この領域では、感じたことや考えたことを自分なりに表現することを通して、豊かな感性や表現する力を養い、創造性を豊かにすることを目的としている。その具体的なねらいとして、幼稚園教育要領等には次の3つが示されている。

(1) いろいろなものの美しさなどに対する豊かな感性をもつ。
(2) 感じたことや考えたことを自分なりに表現して楽しむ。
(3) 生活の中でイメージを豊かにし、さまざまな表現を楽しむ。

　領域「表現」においては、①心を動かして感じる（豊かな感性）、②自分なりに表現して楽しむ、③さまざまな表現を楽しむという、3つの要素でねらいが構成されていると考えられる。まずは、生活の中で不思議さやおもしろさ、美しさや優しさなどを感じ、心を動かされる体験を大切にしたい。加えて、自分なりに表現したり、他者に伝えたりする楽しさや充実感を味わったり、友だちや教師と表現し合ったりする経験を積み重ねる中で、豊かな感性を育みたい。自分の好きな表現の方法を見つけたり、思いや考えを適切に表現する方法を選んだりすることができるようになるために、さまざまな表現の素材や方法

を経験することも大切である。

　以降では、表現活動の代表となる音楽表現（第15章）、造形表現（第16章）、身体表現（第17章）について、それぞれ必要となる事項を説明する。

2.　子どもの生活と音楽

　子どもは、それぞれの環境の中で豊かに音を感じ取り、大切に心の中で育てている。子どもと音楽との関わりは多種多様であるが、まずは子どもが自然の中にある音に親しむ姿を紹介したい。

〈事例1：自然の中での音との出会い（2歳前）〉

　Mちゃんはもうすぐ2歳になる女の子。芝生のある公園で走り回って遊んでいたが、ある物に興味をもって座り込む。最初は黄色いイチョウの葉っぱの鮮やかさに興味をもっている様子。そのうち、落ちている茶色の大きな枯れ葉を珍しそうに眺めだした。そして、持ってみようと葉っぱをつかんだそのときに、枯れた葉っぱを手で潰してしまう。「クシャ」と乾いた音が聞こえた瞬間、目を見開いて満面の笑顔になった。その後は皆さんも想像できるであろう。落ちている葉っぱを次々に手に持って「クシャクシャ」。さらに、枯れ葉を集めてきて足で踏むと「グシャグシャ」と不思議な音がする。子どもが自然の中で、自ら音を見つけ出した瞬間である。

　このように、子どもは日々の生活や遊びの中で多くの音と出会い、五感を使って身体全体で一人ひとりが自由に受け止め、感じたことを自分なりに表現している。乳幼児期の音との出会いは、子どもの感覚を刺激して心を育み、成長に大きな影響を与え、さまざまな音楽に対して興味を広げていくきっかけとなる。そして、歌を歌ったり、楽器を奏でたり、身体で表現したり、音楽を聴いたり作ったりするなどの音楽表現活動に結びついていくと考えられる。

　「幼稚園教育要領」「幼保連携型認定こども園教育・保育要領」「保育所保育

指針」の領域「表現」では、音楽活動を実践するうえで求められる事項がある。例えば、幼稚園教育要領の領域「表現」の「内容」では、以下の項目が音楽に関する項目として示されている[1]。

---

(1) 生活の中で様々な音、形、色、手触り、動きなどに気付いたり、感じたりなどして楽しむ。

(4) 感じたこと、考えたことなどを音や動きなどで表現したり、自由にかいたり、作ったりなどする。

(6) 音楽に親しみ、歌を歌ったり、簡単なリズム楽器を使ったりなどする楽しさを味わう。

　生活する中では、自然の音や乗り物の音、動物の鳴き声などのさまざまな音が聞こえてくる。子どもはさまざまな音に気づき興味をもち、そのおもしろさや不思議さなどを感じて楽しんでいる。そして、感じ取ったことや思ったことを率直に自分なりの方法で表現している。声に出したり、物を打ち合わせて音を出したりするなどの簡単な表現手段から、やがて思いのままに歌ったり、楽器を鳴らして遊んだり、リズムを刻んだりするようになる。音や音楽で遊ぶことの心地よさを味わいながら、自分の気持ちを音で表現する楽しさに気づいていくのである。このように生活の中で子どもは音楽に親しむことができるようになり、その体験を繰り返し楽むことで、豊かな感性が養われていくのである。

　また、幼児教育を行うにあたって共有すべき事項である「幼児期の終わりまでに育ってほしい姿」には、次のように示されている[1]。

　　　心を動かす出来事などに触れ感性を働かせる中で、さまざまな素材の特徴や表現の仕方などに気付き、感じたことや考えたことを自分で表現したり、友達同士で表現する過程を楽しんだりし、表現する喜びを味わい、意欲をもつようになる。

　このような子どもの表現の育ちを支えるために、保育者は、子どもがさまざまな音に気づき、興味や関心をもつような環境をつくることが大切である。さまざまなことに気づき表現しようとする子どもの姿を見守り、自分なりの表現

を受け止め、表現する気持ちに共感しなければならない。そして、子どもが活動する喜びを十分感じられるよう援助することも大切である。保育者が子どもと一緒に音楽を聴いたり、歌ったり、演奏したりして音楽的な活動を行うことや、保育者が歌や楽器の演奏を楽しんでいる姿を見せることも音楽に関わる経験を豊かにし、音楽を楽しむ生活につながっていくであろう。

　音楽的な活動は、子どもの成長を支える大切な経験になっていく。保育者は、子どもの自然な表現を受け止めて、どのように援助して育んでいくのかを考え、メッセージを伝える。このような保育者自身の音楽に対する想いこそが、子どもの望ましい成長を支える音楽活動につながっていくであろう。

3.　子どもの音楽活動を支える基礎的理論

　子どもは音楽が大好きである。音楽が流れてくると、自然に体を動かしたり歌ったりして音を楽しむ。子どもに直接関わる保育者が、その音楽をＣＤなどの音源のみに頼るのではなく、自分自身の手で演奏した生の音楽を子どもたちに聞かせてあげることは、子どもにとってかけがえのない経験になる。そのためには、楽譜を正確に読み取るための音楽の理論的な知識が必要である。そして、保育者のまねをしながら多くのことを身につけていく子どもを前に、その音楽を正確に歌ったり演奏したりすることが何よりも重要である。

　以下に、楽譜を読むために必要な音符の位置を示し（図15-1）、『ブルグミュラー　25の練習曲』より「やさしい花」を例に挙げ（図15-2）、楽譜の中で

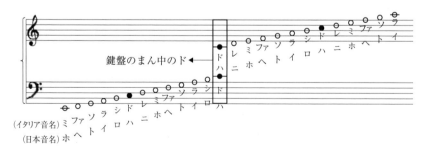

図 15-1　大譜表上で示す音符の位置

図15-2　「やさしい花」

出典：『ブルグミュラー　25の練習曲』[2] に加筆

示されている音楽理論を提示する（表15-1）。演奏する際には、これらのこと
を理解しておきたい。

　楽譜には、作曲家や作詞家からのたくさんのメッセージが込められている。
このメッセージを楽譜どおりに正しく歌うことや演奏することは、作曲家や作
詞家が演奏をする人に求めていることでもある。読み取った楽譜からの情報を

表 15-1　楽譜の中に書きこまれている音楽記号・音楽用語

①音部記号	ト音記号　ヘ音記号　大譜表
②調号	ハ長調　ト長調　ヘ長調　ニ長調　ヘ長調
③拍子記号	C ($\frac{4}{4}$拍子 (♩を4つカウント))　$\frac{3}{4}$拍子 (♩を3つカウント)　$\frac{2}{4}$拍子 (♩を2つカウント)　$\frac{3}{8}$拍子 (♪を3つカウント)　$\frac{6}{8}$拍子 (♪を6つカウント)
④速度記号	Lento (レント) ゆっくりと　遅く Andante (アンダンテ) ゆっくりと歩く速さで Moderato (モデラート) 中ぐらいの速さで Allegretto (アレグレット) やや快速に Allegro (アレグロ) 快速に Vivace (ビバーチェ) いきいきとした速さで ♩=116～120 (1分間に4分音符を116～120回打つ速さ)
⑤強弱記号	*pp* (ピアニッシモ) とても弱く *p* (ピアノ) 弱く *mp* (メゾ・ピアノ) やや弱く *mf* (メゾ・フォルテ) やや強く *f* (フォルテ) 強く *ff* (フォルティッシモ) とても強く ＞ (アクセント) 強く ∧ (アクセント) 短く・強く　鋭く *sf* (スフォルツァンド) 特に強く *fz* (フォルツァート) 特に強く *sfz* (スフォルツァート) 特に強く *fp* (フォルテ・ピアノ) 強い音を出してすぐに弱くする
⑥曲想用語	agitato (アジタート) 激しく delicato (デリカート) 繊細に　優美に dolente (ドレンテ) 悲しげに leggiero (レジェーロ) 軽く　軽やかに risoluto (リソルート) 決然と　きっぱりと cantabile (カンタービレ) 歌うように dolce (ドルチェ) 甘く　やわらかく　愛らしく grazioso (グラツィオーソ) 優雅に misterioso (ミステリオーソ) 神秘的に scherzando (スケルツァンド) たわむれるように

⑦指番号	左手　5 4 3 2 1　　右手　1 2 3 4 5
⑧音符	○全音符　♩.付点2分音符　♩2分音符　♩.付点4分音符　♩4分音符　♫.付点8分音符　♫（♪）8分音符　♬.付点16分音符　♬16分音符
⑨休符	━ 全休符　▬ 2分休符　𝄽 4分休符　𝄾 8分休符　𝄿 16分休符
⑩奏法記号	♩（スラー）異なる高さの音符をなめらかに奏する。／（テヌート）その音を十分に保って奏する。なめらかに音が途切れないように演奏する奏法をレガートという。 ♩（タイ）隣り合う同じ高さの音符をつないで奏する。 ♩（スタッカート）短く切る　♩（スタッカーティッシモ）鋭く切る ♩（フェルマータ）十分にのばす　♩ marcato（マルカート）ひとつひとつの音をはっきりと奏する。
⑪強弱を変化させる記号	＜ crescendo（cresc. クレッシェンド）だんだんと強くする ＞ decrescendo（decresc. デクレッシェンド）だんだんと弱くする diminuendo（dimin. dim. ディミヌエンド）だんだんと弱くする
⑫変化記号	♯（シャープ）音を半音上げる　♭（フラット）音を半音下げる　♮（ナチュラル）元の音に戻す
⑬速度標語に添えられる記号	e（エ）そして　poco（ポコ）すこし　poco a poco（ポコ・ア・ポコ）すこしずつ　molto（モルト）きわめて
⑭速度を変化させる用語	ritardando（rit. リタルダンド）だんだんと遅く　ritenuto（riten. リテヌート）すぐに速度を遅くする rallentando（rall. ラレンタンド）だんだんとゆるやかに　a tempo（ア テンポ）元の速さで
⑮反復記号	‖: :‖（リピート）挟まれた小節を繰り返して演奏する。曲の頭に戻るときは ‖: は省略される。 D.C.（ダ・カーポ）曲の最初に戻り、Fine（フィーネ）または ⌢（フェルマータ）の記号で終わる。 D.S.（ダル・セーニョ）D.S.より前にある ⨼（セーニョ）のところへ戻り、Fine または ⌢ で終わる。 1.｜2.｜（1番かっこ）（2番かっこ）1回めは1番かっこの中を、2回めは1番かっこを飛ばして2番かっこの中を演奏する。
⑯装飾音符	♪ 前打音（装飾音符が音符の前につく）　♪ 後打音（装飾音符が音符の後につく）

もとに、保育者自身の想いをプラスして伝えることができれば、子どもにとって素敵な経験となるであろう。

4. 子どもの歌唱

　生まれたばかりの子どもは、言葉になっていない声を大人に受け止めてもらったり、タイミングよく応答してもらったりする中で、表現することの楽しさを体験していく。やがて、子どもはリラックスしているときには遊びながら自然と歌を口ずさんでいたり、気持ちがよいときにはリズミカルな歌を自分で作って楽しんだりするようになる。のびのびと歌うことで、子どもの心は自然と解放され、生き生きとした表情になっていくことから、歌うことは子どもの成長のうえで大切だということが分かる。

　子どもと歌唱活動をするときに大切なことは、歌うことの楽しさや喜びを伝えることである。そのためには、季節を感じられる曲、活動へつながる曲、子どもが興味や関心をもち歌いたくなるような曲を選ぶことが大切である。また、声の出し方や表現では、言葉かけの工夫も必要である。例えば、「大きな声で歌いましょう」では、子どもたちは頑張りすぎて怒鳴るような表現になってしまうかもしれない。そういう場面では、大きな動物にたとえるなど、子どもが具体的にイメージできるような言葉かけも大切である。ほかにも、歌の中の情景を絵本などの目で見えるもので伝えたり、実際に身体を使って皆で演じてみたりするなどして、子どもが歌いたくなるような工夫を用意しておくと、その曲の持つ世界に入りやすくなっていく。

　このような活動の中で、実際に保育者の歌う歌声が豊かであると、子どもの表情はさらに生き生きとしたものになるだろう。そのために大切なことは、保育者自身が歌うときにまっすぐ前を向いて背筋を伸ばし、目線を下げずに良い姿勢を保つことである。そして、歌うにふさわしい呼吸法と発声法を身につけることで、美しく柔らかい声を出すことができる。さらには、第2節でも述べたように、音楽的な要素である、音程、リズム、拍子など、楽譜に書かれている情報を正確に読み取り、歌詞の意味を正しく理解して歌うことが必要であ

る。保育者はこれらに配慮しながら、子どもが思いのままに歌唱活動を行い、歌うことの楽しさや喜びを感じることができるようにしたい。

　表15-2に示す曲は、子どもの歌唱活動で行われる曲の一例であり、弾き歌いができることが望ましい（下線のある曲は、採用試験の弾き歌い課題曲として、よく用いられる曲である）。

表15-2　子どもの歌唱活動でよく使われる曲

季節の歌	生活・行事の歌	子どもの好きな歌
春：めだかの学校	あさのうた	ニャニュニョのてんきよほう
とけいのうた	おべんとう	手のひらを太陽に
おおきな古時計	はをみがきましょう	お化けなんてないさ
かわいいかくれんぼ	さよならのうた	アイアイ
ことりのうた	たんじょうび	いぬのおまわりさん
夏：あめふりくまのこ	たなばたさま	もりのくまさん
かたつむり	つき	大きなくりのきのしたで
しゃぼんだま	やきいもグーチーパー	やぎさんゆうびん
ありさんのおはなし	いもほりのうた	小さな世界
おつかいありさん	あかはなのトナカイ	せかいじゅうのこどもたちが
アイスクリームのうた	きよしこのよる	ホ・ホ・ホ
南の島のハメハメハ大王	お正月	おもちゃのチャチャチャ
お化けなんてないさ	豆まき	おなかのへるうた
秋：どんぐりころころ	うれしいひなまつり	とんでったバナナ
まつぼっくり	いちねんせいになったら	空にらくがきかきたいな
山の音楽家	ドキドキドン！　一年生	ドロップスのうた
まっ赤な秋		バスごっこ
とんぼのめがね		てをたたきましょう
きのこ		ふしぎなポケット
冬：たきび		うちゅうせんにのって
あわてんぼうのサンタク		にじのむこうに
ロース		にじ
雪		ぼくのミックスジュース
コンコンクシャンのうた		

出典：『保育の四季　幼児の歌110曲集』[3]『こどものうた200』[4]『続こどものうた200』[5]『こどものうた大百科』[6]『ポケットいっぱいのうた』[7]

5. 音を使った活動

　第1節では、子どもが音と出会う姿を紹介したが、今度は、公園で出会った6歳の女の子Kちゃんの事例を紹介する。

〈事例2：音を楽しむ姿（6歳）〉

　Kちゃんは、小さな石ころや大きな石ころを並べて遊んでいる。やがて、石ころと石ころを合わせて叩きだした。それぞれ大きさに特徴のある石ころは、どれもみな特徴のある違った音であった。高い音や低い音、それぞれの違いを、自分の耳で深く感じ取る姿はとても印象的であったが、やがて、自然と規則正しいリズムを刻むようになる、「とんとんとん」「たたたたたん」。石の音に合わせて歌いながら、4分音符、8分音符のリズムを笑ったりふざけたりしながら楽しんでいた。最後には、自分が美しいと思える音に出会ったのだろうか。即興で作った歌に合わせて、2つのお気に入りの石ころを叩いて規則正しくリズムを打ちながら楽しんでいた。

　音楽を理解し、多様な音楽表現をするには、リズム感を養うことは大切であるが、このような遊びは、この子にとってそのきっかけとなる出来事の一つになったかもしれない。こうした何気ない日常の中での音との関わりは、表現力を広げる可能性へとつながっていく。子どもが自ら音を作り出す活動は、やがて豊かな音楽活動へ発展していくことが望まれるが、それを支えるものは、保育者の表現する力や適切に指導する力である。まずは、保育者自身が音楽に親しみ、表現する楽しさを味わうことが必要である。

　それを踏まえ、子どもが楽しいと思える音楽活動ができるよう、楽器についての知識を習得しておくことも求められる。子どもと楽器を使った活動をする際には、まずは簡単に演奏できるリズム楽器が想定されるが、以下に注意すべきことを紹介する。

①　楽器を手に取る前に、きまりを伝える

　子どもたちは、楽器にとても興味をもっている。最初に、「楽器はこわさないように大切に持ちましょう」「お友だちと順番に使おうね」など、楽器を使うためのルールを決めておくと、スムーズに活動に進むことができる。

②　簡単なリズムを叩く

　「タンタンタン」など、簡単なリズムを聴かせる、あるいは一緒に口ずさむのが効果的である。慣れてきたら楽器を持ち、まずは共に音を出す楽しさを味わいながら、楽しく活動できるよう配慮する。

③　楽器の持ち方・演奏方法を正しく伝える

　楽器にはそれぞれの持ち方や演奏方法がある。それらを保育者が正しく身につけ、楽器を持つ方の手、叩く方の手の形、演奏するときの姿勢などに気をつけながら、子どもに分かるように見本を見せることが必要である。また、楽器の中にはすずやタンバリンのように、いろいろな音が出るものがある。楽器から鳴り響く、本物の音の良さを子どもが感じ取れるよう、それぞれの鳴らし方を分かりやすく伝えることが大切である。

④　保育者が、表現する楽しさを伝える

　保育者が楽しく演奏する様子を子どもに見せ、「私もやってみたい！」「先生が楽しそうだからワクワクする！」など、興味がもてるように配慮することが必要である。例えば、すずやタンバリンを演奏するときには、腕を回して円を描くように鳴らすと、子どももまねをしながら楽しく演奏できる。

　最後に、楽器を用いた活動には、子どもが自ら興味をもって取り組めるかどうかといった視点が求められている。一斉に同じ曲を演奏する機会もあるだろうが、そのような音楽活動を行う際には、それぞれ音楽経験の異なる子どもに配慮しながら、皆が音楽を作りあげる過程の楽しさを味わうことができるようにしたい。そのためには、子ども一人ひとりの感性を受け止めながら、その子に合った環境を用意することが必要である。また、技術ばかりを求めることなく、自分の音楽を楽しみながら1つの曲を作り上げていく過程を大切に育てていくことにも目を向けてほしい。「少し難しいけれどおもしろい」「もう少しで

できるようになりそうだから練習するのが楽しい」など、そのような思いや喜びが芽生えるよう、子どもの表現を支えていく保育者の援助が望まれる。

引用文献

1) 文部科学省『幼稚園教育要領』2017 年、pp.7-8、p.21
2) 『ブルグミュラー　25 の練習曲』全音楽譜出版社、2008 年、p.22
3) 『保育の四季　幼児の歌 110 曲集』エー・ティー・エヌ、2012 年、pp.6-153
4) 小林美実 編『こどものうた200』チャイルド本社、2011 年、p.30、p.74、p.88、pp.124-125、pp.182-183
5) 小林美実 編『続　こどものうた200』チャイルド本社、2011 年、p.133、pp.212-213、pp.224-225
6) 松山祐士 編著『こどものうた大百科』ドレミ楽譜出版社、2007 年、p.115、pp.254-255
7) 鈴木恵津子・冨田英也 監修・編著『ポケットいっぱいのうた』教育芸術社、2017 年、pp.16-17、p.20、p.145

第16章
子どもと造形表現

1. 子どもの造形表現

　子どもの造形表現は、楽しく伸び伸びと行えることが大切である。そして保育者は、その過程において、子どもが主体的に取り組め、新たな視点（価値）を自分なりに獲得し、達成感や充実感を得るように、援助しなければならない。そして保育者が、子どもの素朴な表現を受け止め、共感することで、子どもは自らの感動の意味を明確化でき、深く心に刻まれるようになるのである。また、他の子どもの表現に触れるように配慮することも大切である。自分とは異なる感性があることに気づいたり、共感したりすることで、感性を豊かに養い、表現がより広がるようになることが期待できる。

　そのために、保育者には、子どもの表現が広がるような言葉かけや、子どもの発達に応じた環境構成（材料や用具の準備）を行う専門的知識が求められる。また、子どもが取り組みやすいモダンテクニックなどの造形遊びについても一とおり経験し、ねらいや内容、環境構成を理解し、実践力を高めておく必要がある。造形遊びを通して子どもたちは、偶然できた色や形から、イメージを展開し、新たな表現に気づき、美しいものを感じ、イメージを豊かにすることができるようになる。

　造形表現の技術的な能力は、材料や用具などの物的環境から伸ばすことが期待できる。しかし、ただ単に表現活動のために材料や用具を与えるのではなく、言葉や表情、動作などを使って積極的に子どもに働きかけ、子どもが主体

的に取り組み、自由に表現できるように、援助することを忘れてはならない。造形感覚いわゆるセンスと言われるものは、指導で伸ばすことは困難である。しかし、生活体験を豊かにし、そこから得られる感動を表現する活動を通じて、磨くことは期待できる。

　また保育者自身も日常生活の中で風の音や雨の音、身近にある草や花の形から、音や形、色などに気づき、感性を磨かなければならない。美術館や観劇、音楽会に行くことも感性を豊かにするうえでは重要である。そして、子どもの驚きや発見に共感していくことの重要性を理解していなければならない。子どもらしい見方、考え方、感じ方、関わり方を理解し、その特性や発達に応じた援助をすることが大切である。

　造形表現活動で大切なことは、人と比べることなく、その子どもの個性を尊重し、受け入れることにある。子どもの造形表現は、心と体の成長の表れである。保育者は、子ども一人ひとりのよさや可能性などを理解し、その子なりの表現活動が豊かになっていくように、適切な援助をすることが大切である。その結果、子ども自身が自ら学び、自ら考える力の基礎を育むことができ、主体性を育てることができるのである。

2.　材料や技法の基礎理解

　造形表現活動が活発になり、表現の幅や自由度を上げるためには、子どもが主体的に用具や材料、素材に関われる環境づくりが求められる。保育者は、用具や材料、素材について理解を深め、モダンテクニックなどの造形遊びについて、実践力を高めておく必要がある。一口に用具や材料、素材といってもその種類はさまざまで、基本的な種類やその特性について理解を深めておきたい。ここでは、描画材やモダンテクニックについて説明する。

（1）　描画材
　幼児の造形表現活動に適する描画材としては、主に次のようなものが挙げられる。

1）透明水彩

透明感のある絵の具で、「にじみ」「むら」「ぼかし」などの偶然の効果が楽しめる。白を加えると、不透明な感じになるので注意する。

2）不透明水彩

鮮やかな色彩の絵の具で、塗ると下地が見えなくなる。乾くと重ね塗りができる。

3）ポスターカラー

不透明に近い絵の具で、発色も鮮やかである。水を多めにすると、透明な感じにもなる。

4）粉絵の具

絵の具の粉を容器に入れ、水を加えていき濃度を加減する。パスの代用としても使用でき、やさしい表現ができる。また画用紙に粉絵の具を散らし、その上から霧吹きなどで水分を加えると、にじみ絵のような表現が楽しめる。

5）クレヨン

ロウ分が多く、オイルパステルと比較して固めである。線描きに適している。発色としては、透明感があり、軽いタッチの絵が描ける。

6）パステル

顔料に水性メディウムを加えて、棒状に練り固めたものである。フランス語のPaste（練り固めたもの）がその語源。種類としては、ハード、セミハード、ソフト（メディウムの量の変化による）がある。

7）オイルパステル

サクラクレパス社の「クレパス」がよく知られている。パステルに乾性油、少量のワックスを加えたもので、重色、混色、ぼかしなどの技法が使える。油脂分が多く柔らかくて伸びがよく、面塗りに適している。画面上で混色も可能である。発色としては、不透明で重厚なタッチの絵が描ける。色の定着がよく、塩ビ板や発泡スチロールにも描くことができる。

8）水性カラーサインペン

鮮やかな発色で、裏写りしない。湿らせた紙に描くことにより、にじみの効果のある絵を描くこともできる。ガラスなどの滑面には描くことができないも

のが多い。

9）油性カラーサインペン

水に強く、ガラスなどの滑面や布などにも描くことができる。裏写りすることもあるので、使用の際には注意が必要である。

（2）主なモダンテクニック（造形あそび）

モダンテクニックは、偶然できる色や形からイメージを展開し、楽しく取り組むことができる造形遊びである。その目的と内容を以下に述べる。

1）フロッタージュ（こすりだし）

こすり出すことにより、普通の描画では得られない味わいを知ることができる。身近なものの中からおもしろい形の組み合わせを発見させたい。観察力もアップすることが期待できる。

2）バチック（はじき絵）

クレヨンやクレパスなどで描いた絵や模様に、水彩絵の具を塗ると、絵の具をはじいて、おもしろい効果が得られる。クレヨンはロウ分が多いので、はじきの効果がはっきり表れる。色鉛筆ははじかないが、クーピーペンシルははじかせることができる。

3）紙染め

折り染めとも言われ、古くから行われている技法である。紙の折り方、染め方を工夫すると、さまざまな模様のきれいな染め紙を作ることができる。子どもたちには、折り畳んだ紙を開くときのワクワク感がたまらない。

4）マーブリング（色流し）

油絵の具を水に浮かせて写し取ると、磨いた大理石（マーブル）のような模様が現れる。このことから色流しはマーブリングと言われている。写し取った絵は、それだけでも不思議な美しさを持っている。イメージをふくらませて、思い浮かんだものを描いたり、貼り絵の材料にも使用できたりする技法である。

5）デカルコマニー（合わせ絵）

画用紙に絵の具をつけて二つ折りにし、合わせることによって偶然できた形を楽しむ。そこからイメージをふくらませ、絵の具やパスなどで描き加えて展

開していくとよい。デカルコマニーはフランス語で転写の意味。

6）　ドリッピング（たらし絵、吹き流し）

溶いた絵の具を筆にたっぷりふくませて、紙の上に絵の具のしぶきを散らせる方法がたらし絵である。たらした絵の具を吹くと、吹き絵にも展開できる。いたずらと同じ気持ちで、のびのびとやらせたい。

7）　糸引き絵

たっぷりと絵の具をつけた糸を、二つ折りの画用紙にはさんで引っ張るだけで、魅力的な曲線模様が得られる。糸の置き方や太さを変えると、変化に富んだものになる。子どもたちにとっても紙を開くときが楽しみとなる。

8）　スタンピング（はんこあそび）

紙の上に押しつけるとそのまま跡が残ることを発見できる。同じ形がいくつも写ることのおもしろさや、身近なものの中からおもしろい形が生まれてくることを発見させ、形への関心を高めたい。子どもたちも大好きな技法である。

9）　スクラッチ（ひっかき絵）

まず、クレヨンやパスを使用し、明るめの色をモザイクのように塗り込む。その上に、黒やグレーの明度の低い色を塗って、先の鋭いものを使ってひっかく。ひっかいたあとに、地塗りの鮮やかな色が出てくる。ひっかき方にも工夫をして、描く喜びや楽しさを味わわせたい。

10）　ステンシル（型抜き版、孔版）

ステンシルの型にあてるものによって、出てくる表情が変わってくる。ぼかしもできる。また、スタンピングなど他の技法と組み合わせることにより、おもしろい効果も得られる。さまざまに工夫して、何ができるか、何がおもしろいかを楽しませたい。

3.　造形表現の内容と実践

子どもの造形表現は、結果よりも過程が大切になる。作品作りというより、色や形を見つけたり、作り出したりするその関わりを大切にしたい。いろいろな技法をマスターさせるといった視点ではなく、造形あそびを通して、自由に

伸び伸びと楽しく行わせることが重要である。

　保育者として、造形あそびを通してさまざまな描画材や素材の扱い方、特性を学んでもらいたい。そこには子どもの表現活動の追体験も含まれている。保育者の視点で環境構成や準備を行い、子どもの気持ちで造形あそびに取り組んでみよう。子どもの追体験であるから、絵を描くときは鉛筆を使用する。そして、その過程をしっかりと考察し、まとめておこう。保育者自身も豊かな感性を持ち、子どもたちの表現を受け止められるように、日頃から感性を磨く努力を忘れないでほしい。

（1）実践例1：「わたしのワンピース」

バチック（はじき絵）を応用する。
- ○　含まれる活動：描く、塗る、切る、貼る
- ○　対象年齢：5歳
- ○　時期：年中

1）ねらい

- ○　クレヨンやパスで描いた絵や模様の上に水彩絵の具を塗ると、絵の具をはじく、おもしろい効果を楽しむ。
- ○　はじき絵のおもしろさを味わい、絵の背景を塗ることへの関心も高めていく。
- ○　絵本『わたしのワンピース』を読んでその世界からイメージを展開し、バチックの技法を応用して、自分だけのワンピースを制作する。

2）内容

内容はイラストを交えて、ひと目で内容が理解できるようにまとめるとよい。
- ①　絵本『わたしのワンピース』を読んで、次にうさこさんがどこに行くかを想像する。
- ②　想像した場所を、クレヨンやパスを使って自由に模様や絵で表現する。
- ③　行く場所や季節を考えて、好きな絵の具を選択する。水彩絵の具を薄く溶いて、上からさっと塗る。
- ④　ワンピースの部分（三角形に切れるように、保育者が裏側に線を入れて

おく）をハサミで切る。

⑤　（教材として、ウサギの顔や腕、脚を準備しておく。）表情をパス類で描き、すべてをノリで接着し、完成させる。

3）環境構成

環境構成として、次のものを準備する。

○　材料：八つ切り画用紙（八つ切りを2分の1に切る。半分を使用し、ウサギの顔・腕・脚を準備）

○　用具：水彩絵の具、パス類、ハサミ、ノリなど

4）留意点

留意点は以下のとおりである。

○　透明水彩絵の具の使用が望ましいが、ポスターカラーなど不透明水彩は薄く溶いて使用するとよい。

○　クレヨンやパスで明るい色、絵の具で暗い色が効果的である。

○　太めの筆かハケを用意して、軽くさっと塗る。

図16-1　バチック（はじき絵）を応用した「わたしのワンピース」

（2）実践例２：「不思議なキノコ」

デカルコマニー（合わせ絵）を応用する。

○ 含まれる活動：切る、描く、貼る

○ 対象年齢：5歳

○ 時期：年中

1）ねらい

○ 画用紙に絵の具をつけて二つ折りにし、偶然できた形を楽しみ、それか
　らイメージをふくらませ展開させる。

○「不思議なキノコ」をテーマに、絵の具やパスなどで模様や顔を描き加え
　て、不思議なキノコを創る。

図16-2　デカルコマニー（合わせ絵）を応用した「不思議なキノコ」

2）内　容

　内容はイラストを交えて、ひと目で内容が理解できるようにまとめるとよ
い。

① 二つ折りにした紙を開いて、片側に絵の具をつける。

＊絵の具は透明水彩でも不透明水彩でもかまわない。不透明水彩の場合
は、水を多めに加えたものを使用する。

② 筆に水を含ませて、所々にたらす。

③ 紙をとじて、上から強くこすって写し取る。

④ 紙を開いて、キノコの傘の形を描き、ハサミで切る。

⑤ 茎の部分を切り、キノコの傘と貼り合わせる。

⑥ 茎の部分に顔を描き完成させる。

＊遊びの展開として、できた形からイメージをふくらませて、絵の具や
ペンなどで描き足すように促す。また、左右対称形になることから、で
き上がりを想定してやらせると、おもしろい効果を得られる。

3）環境構成

環境構成として、次のものを準備する。

○ 材料：画用紙

○ 用具：水彩絵の具、筆、筆洗、パス類、サインペンなど

4）留意点

留意点は以下のとおりである。

○ 合わせ絵の形に変化が少ないときには、絵の具を足すか水をたらしても
う一度こすってみる。

○ 紙をぬらして絵の具をつけたり、絵の具が混ざるように準備にも工夫を
加えたりする。

第17章
子どもと身体表現

1. 子どもの身体表現

（1）「踊る」ということ

　子どもにとって「踊る」ということは、とても自然な現象である。例えば、軽快な音楽が聞こえてくれば、自然に音楽のリズムに合わせて体を揺らし始める。また、子どもにとって「身体表現」は、とても自然な現象である。例えば、何かうれしいことがあったとき、子どもはぴょんぴょんと体を弾ませる。自分が感じた喜びを体全体で表現する。

　「踊る」という行為は、人類の文化として文字が生まれる前から存在し、人間の根源的な欲求の一つと考えられる。このことは、こういった子どもの姿からも見取ることができる。

（2）子どもの特性と身体表現

　子どもは「○○ごっこ」が好きで、変身すること自体に楽しさを感じている。自分ではない何かに変身することは、身体表現の入り口であり、身体表現そのものである。そこで、体全体を使ってなりきって踊る子どもの姿には、大人には出せないパワーや美しさがあり、そういった身体表現を子どもから引き出せるようにしたい。

　子どもは、直感的に物事を捉え、その思いも流動的である。きちんとつじつまが合った表現よりも、動き自体のおもしろさに喜びを持つ。だからこそ、そ

の瞬間のその子どもの思いを表現できる即興的な身体表現を引き出せるように
したい。

（3）小学校での学習とのつながり

　幼児期の子どもは、「遊び」の中でさまざまなものを習得していくが、それ
が小学校でのどういう内容に結びついていくのか知っておきたい。

　表 17-1 は、『幼稚園教育要領　平成 29 年 3 月』[1] の一部を抜粋したもので
ある。内容（8）の「自分のイメージを動きや言葉で表現したり、演じて遊ん
だりするなどの楽しさを味わう」について、『幼稚園教育要領解説　平成 30 年
2 月』[2] では、以下のように解説されている。

> 　幼児が安心して自分なりのイメージを表現できるように、教師は、一人一人の
> 発想や素朴な表現を共感をもって受け止めることが大切である。共感する教師や
> 他の幼児がそばにいることにより、幼児は安心し、その幼児自身の動きや言葉で
> 表現することを楽しむようになる。（中略）教師は、幼児の持っているイメージ
> がどのように遊びの中に表現されているかを理解しながら、そのイメージの世界
> を十分に楽しめるように、イメージを表現するための道具や用具、素材を用意し、
> 幼児と共に環境を構成していくことが大切である。（中略）それは必ずしも本物
> らしくなりきることができるものが必要ということではない。むしろ、幼児は、
> 一枚の布を身にまといながらいろいろなものになりきって遊ぶ。（後略）

表 17-1　『幼稚園教育要領　平成 29 年 3 月』ねらい及び内容「表現」

表現	感じたことや考えたことを自分なりに表現することを通して、豊かな感性や表現する力を養い、創造性を豊かにする。
ねらい	（1）いろいろなものの美しさなどに対する豊かな感性を持つ。 （2）感じたことや考えたことを自分なりに表現して楽しむ。 （3）生活の中でイメージを豊かにし、様々な表現を楽しむ。
内容	（8）自分のイメージを動きや言葉などで表現したり、演じて遊んだりするなどの楽しさを味わう。

出典：『幼稚園教育要領　平成 29 年 3 月』（2017）より一部抜粋

表 17-2　『小学校学習指導要領　平成 29 年 3 月』
第 1 学年及び第 2 学年の内容

表現リズム遊び	表現リズム遊びについて、次の事項を身に付けることができるよう指導する。
（1）次の運動遊びの楽しさに触れ、その行い方を知るとともに、題材になりきったりリズムに乗ったりして踊ること。 　ア　表現遊びでは、身近な題材の特徴を捉え、全身で踊ること。 　イ　リズム遊びでは、軽快なリズムに乗って踊ること。 （2）身近な題材の特徴を捉えて踊ったり、軽快なリズムに乗って踊ったりする簡単な踊り方を工夫するとともに、考えたことを友達に伝えること。 （3）運動遊びに進んで取り組み、誰とでも仲よく踊ったり、場の安全に気を付けたりすること。	

出典：『小学校学習指導要領　平成 29 年 3 月』（2017）より一部抜粋

　表 17-2 は、『小学校学習指導要領　平成 29 年 3 月』[3)] の一部を抜粋したものである。「表現遊び」と「リズム遊び」の内容は、『小学校学習指導要領解説　体育編　平成 29 年 7 月』[4)] では、以下のように解説されている。

　　　身近な題材の特徴を捉えてそのものになりきって全身の動きで表現したり、軽快なリズムの音楽に乗って踊ったりする楽しさに触れることができる運動遊びであるとともに、友達とさまざまな動きを見付けて踊ったり、みんなで調子を合わせて踊ったりする楽しさに触れることのできる運動遊びである。低学年では、表現リズム遊びの楽しさに触れ、その行い方を知るとともに、表現遊びとリズム遊びの両方の遊びを豊かに体験する中で、即興的な身体表現能力やリズムに乗って踊る能力、コミュニケーション能力などを培えるようにし、中学年の表現運動の学習につなげていくことが求められる。（後略）

（4）　子どもの身体表現で大切にしたいこと

1）　リズムに乗って弾んで踊る

　軽快な音楽のリズムに乗って弾む動きでは、体幹部の上下の動きを大切にしたい。子どもの体の緊張や力みをほぐすことができれば、弾む動きは自然と生まれてくる。そして、音楽は、子どもたちが口ずさむことができるものや適度

な速さのものがよい。弾む動きを引き出す音楽は、行進曲よりも速く、駆け足のリズムよりも遅いものを用意したい。

2）友だちや先生と交流して踊る

友だちや先生と調子を合わせて踊ることは、全員が同じ方向を向いて動きをそろえて踊ることだけではない。「踊る」行為の大切な側面として、「コミュニケーション」がある。2人で向かい合って踊ったり、友だちの動きに対応して踊ったりすることも、調子を合わせて踊ることにつながる。また、そのことによって、動きやイメージの広がりも期待できる。

3）即興的な身体表現で踊る

決められた動きを覚えて正確に踊るのではなく、思いついた動きをすぐに自分の体で表現する活動を大切にしたい。そのために、子どものイメージや動きを触発する工夫や手立てを行いたい。

即興的な身体表現につながる題材例を以下に示す。

○童謡や絵本のお話

○じゃんけん遊びや手遊び歌

○布や新聞紙などの身近なもの

○音楽やオノマトペ

○動物になろう

○料理を作ろう

そして即興的な身体表現に慣れてきたら、子どものもつイメージをさらにふくらませたり、動きを変化させたりするきっかけを作りたい。「その後どうなるだろう」や「もし○○になったら」「もっと○○だったら」などの声かけをしたい。また、イメージだけでなく、「こんなふうにも動けるよ」「もっと速く」「もっと大きく」「ぷしゅー」「ひらひら〜」など、動きの変化のヒントも示したい。そして、子どもが自分で「もっとこうしてみよう」と楽しんでいる身体表現をめざしたい。

2. リズム遊びと表現遊び

アップテンポな曲がかかると、子どもたちは誰に教えられなくても笑顔になったり、体を弾ませたりする。イメージの世界に抵抗なく入っていきやすいのである。子どもたちと表現との出会いがよいものになり、表現の特性を生かすことができる体験を積み重ねられれば、踊ることを自分から楽しめるようになってくると考えられる。ここでは、リズムに合わせて踊る「リズム遊び」で大切にしたいポイントと、イメージに誘発されて踊る「表現遊び」の指導例を紹介する。

（1）　リズム遊び
　1）　リズムに乗って踊る体験を

本来、子どもは曲に合わせて踊ることが好きである。しかし、踊る経験が少ない子どもは、体をどう使ったらより楽しくリズムに乗って踊ることができるのかが分からない。そこで、保育者がリーダーとなって一緒に弾んだり、回ったり、手を振ったりして踊り、「おへそをねじって」「早送りで」「おおげさの100倍」などと動きが変わるような声をかけるなど、いろいろなリズムへの乗り方を経験させることが大切である。かっこよく踊れなくても、即興的に体をリズムにゆだねて踊ることができればしっかりほめ、次につながるようにしていきたい。

全身で弾まなくても、輪になって向かい合い、車座に座ってでもリズムには乗ることができる。リーダー発信でおへそを上下に動かしたり、左右に体を揺らしたり、リズムに合わせて手拍子をしたり、床をたたいたりすることで、全体の場も和やかになり、抵抗なくリズムの世界に入っていくことができる。

2）苦手な子どもへの配慮

　自信がなくて動き出せない子どもには、まずは定型の振りから入ってもよい。テレビなどで人気があり、振りが付いている曲であれば、映像に合わせて抵抗なく踊ることができるであろう。年少、年中では、歌詞の中に動きの指示が入っている曲を使うのも動きやすい。慣れてくれば、自由に即興で踊るパートを意図的に組み込んでいく。

　リズムに乗りにくい子どもには、2人組や輪になって手を取って弾んだり、保育者が寄り添い一緒に踊ったりし、その曲にぴったりのリズムに合わせて体を動かす経験をさせたい。その際、髪の毛やおへそを動かすことを意識することでリズムに乗りやすくなるので、「髪の毛が弾んでいるね」「おへそが動いているかな」などの言葉をかけ、思わず体を動かしてしまう状況をつくり出したい。また、自分でどんどん動き出せる子どもをリーダーにし、「まねっこOK」でどんな動きも認めたり、2人組やグループで動きを合わせたりと、人数を工夫することで安心して踊ることができる。

3）単調な動きを変える声かけ

　同じ動きを続け、ぴょんぴょん弾んでいるだけでは、曲に合わせて即興的に動いているとは言い難い。動きに変化を加えるには、オノマトペも有効な手立てとなる。「ぐるぐる」「ぴょんぴょん」「ばいばい」「ヒューッ」などの、動きを誘発しやすいオノマトペでの声かけをすると、年少の子どもにも動きがイメージしやすくなる。慣れてくれば、「風が吹いてきたー！」「地震だー！」など、表現遊びにもつながるストーリー性のある言葉がけも有効であろう。

（2）表現遊び

　何かになりきって、または、何かを模倣して表現する「表現遊び」は、まねっこ大好きな子どもたちには楽しい活動である。スムーズに活動に入るために大切なのは、何の題材を取り上げるかということである。題材は、子どもたちにとって身近なもの、実際に体験したもの、空想しやすいものなどを取り上げたい。

1）表現遊びの一例：表現「ムシムシランドへ行こう！」（全5回）

【活動のねらい】

　自分が選んだ「こん虫」のイメージをふくらませ、全身を使って即興的に大げさな動きで表現したり、友だち同士で動きをかけ合わせたりし、楽しんで表現活動を行う。

（1時目）ムシムシランドへようこそ

【活動の流れ】

①　虫探しや遠足などで経験したことを想起させ、どんな虫がいるか、どんな特徴があるかについて話し合う。

②　特徴的で取り組みやすい虫を絵カードで提示する。

　　・「カマキリのカマは大きくて強そうだね」「バッタの足はどうなっているかな？……遠くへ跳びそうだね」などと声をかけ、動きのイメージをもちやすくする。

③　いくつかのなりきりやすい虫を選んで、保育者のリードで一緒に踊る。

　　・「お花が咲いているよ。みんなで飛んでいこう」「細長い口でおいしい蜜を吸おう」など、動きがはっきりした言葉をかけると動きやすい。

④　全身を使って上手に動けている子どもの表現を見て、ポイントについて話し合う。

　　・「どんなところが上手だったかな」と問いかけ、「大きく動けていた」「ゆっくり動いていた」「手を使って細長い口みたいにしていた」など、動きのポイントに気がついた子どもをしっかり称揚する。

⑤　動きのポイントを取り入れて、みんなで一緒に踊る。

　　・活動④で見つけた動きのポイントを取り入れて、もう一度、全員で踊る。

（2時目）飛んでるムシムシランド

【活動の流れ】

①　空を飛ぶ虫とその特徴について話し合う。

②　特徴的で取り組みやすい虫を絵カードで提示する。

③　なりたい虫の特徴を捉え、思いつくまま踊る。

④　大好きなポーズを紹介したり、何がどうしているところかを紹介し合っ

たりする。

⑤　活動④の子どもの表現を見て、ポイントについて話し合う。

・「どんなところが上手だったかな」と問いかけ、動きのポイントに気がついた子どもをしっかり称揚する。

⑥　自分が表現したい虫を選んで、もう一度、全員で踊る。

・紹介した虫と違うものを選んでも、「動きのポイントが取り入れられそうであれば、挑戦してみよう」と声をかけ、取り入れていた子どもをしっかり称揚する。

（3時目）草むらのムシムシランド

（4時目）強いムシムシランド　　　など

3時目、4時目は、2時目と流しは同じ。場所や虫の特徴で「○○のムシムシランド」の波線の部分を保育者でアレンジし、子どもたちに人気があるものや踊りやすそうなものをテーマにする。

（5時目）ムシムシカーニバル

①　今まで取り組んだ虫やまだやっていない虫など、自分がやりたいものを選んで楽しく踊る。

②　紹介し合う時間をとって見せ合う。

・舞台のように踊る場所を決めたり、輪の中に出て行ったりして、順番に前に出て踊る。見ている子どもたちは始めと終わりに拍手をしたり、リズムに合わせて手拍子をしたりして盛り上げることもできる。

2）　表現遊びを計画するにあたって

①　イメージバスケット

題材が決まれば、表現できそうな虫はどんなものがあるか、そこからどんなイメージが広がるか、あらかじめ保育者が実際に書き出してみて、住んでいるところや動きの特徴などカテゴリーを決めて仲間分けしてみる（図17-1）。そうすれば、子どもが「どんなものに変身しそうかな」「状況が変わったらこんな風に表現して楽しめそうだな」と、保育者自身が見通しをもつことができる。イメージバスケットを参考に絵カードを作っておくと、提示ができて、子どもたちのイメージがわきやすくなる。

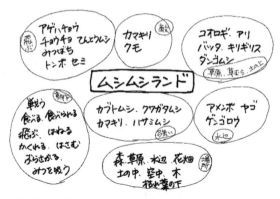

図17-1 「ムシムシランド」のイメージバスケット

② 曲や効果音について

　表現遊びはそれぞれになりたい対象物が異なるので、歌詞などが入っておらず、状況が浮かびやすい曲がよい。表現指導用の曲やアニメや映画のサントラ盤などが使いやすい。年中から年長にかけては、生活経験も豊かになってくるため、「台風が来た！」「雷だ！」などと声をかけてタンバリンや太鼓をたたいたり、効果音を使ったりすることで、その状況に合わせて表現することができ始める。これが抵抗なくできるようになると、簡単なお話作りが可能になり、「つくる楽しみ」についても触れることができる。

③ 背景の工夫

　題材に「虫」を選んだら、周りにそのものが暮らしているような木々や草のイラストを貼ると、さらになりきって表現しやすくなる。マットや跳び箱などを置いておいたり、そこにイラストを貼ったりすると、何かに見立てて活用する子どもも出てくる。

3.　モノを使った身体表現

　子どもの身体の表現として、目の前の具体的なモノに誘発されて体がすぐに動き出したり、直感的にまねしたりすることがある。ここでは、このような子どもの発達特性を大切にした、「新聞紙」を用いた表現遊びを紹介する。

「新聞紙」は、比較的容易に収集が可能であり、さまざまな形にもなり、また質感の違う動きを引き出すことのできる教材である。例えば、くしゃくしゃにしわができたいびつな形、ビリビリにちぎった断片、ぎゅーっとねじられた形……、あるいは、ひらひらとゆっくり舞い落ちる様子、ぽーんと投げ上げられて下に一気に落ちてくる様子……、などである。思い切り遊びながら、その形や動きのまねをすることを通して、体で即興的に表すおもしろさを味わわせたい。

（1）新聞紙1枚で楽しめる遊び

1）新聞紙と一緒に遊ぼう！

【活動のねらい】

下記の①から③の遊びを通して、走る、回る、いろいろなポーズで止まる、ねじる、足の裏以外の部位で床と接する、など非日常のさまざまな動きを経験する。

【活動の流れ】

① 広げた新聞紙1枚を体のどこか一部に付けて、落とさずに走る。

② 上に高く飛ばして、手を使わずに体で受け取る（頭、背中などでキャッチする）。

③ 上に高く飛ばして、その下をくぐり抜け、体で受け止める（床ぎりぎりでキャッチする、いろいろなポーズでキャッチする、など）。

2）"新聞紙くん"のまねっこをしよう！

【ねらい】

新聞紙で作った「新聞紙くん」に変身し、動きのまねをすることを楽しむ。

【活動の流れ】

① 人型に切り抜いた「新聞紙くん」（新聞紙1枚分の大きさ。図17-2）を見せ、「動きをまねできるかな」と問いかける。

図17-2　新聞紙くん

② 立ち姿からまねっこをスタートする。まずは、手や足を震わせたり、お辞儀をさせたりするなど、日常的で簡単な動きになるように新聞紙を扱う。子どもはその新聞紙の動く様子を見て、まねっこをする。

③ 徐々に、ぎゅーっと体をねじったり、体の部位を複数動かしたり、走ったり跳んだりするように新聞紙を操作し、非日常のさまざまな動きを引き出していく。

3）新聞紙になれるかな？

【ねらい】

新聞紙の動く様子をまねすることを通して、体全体を使った大きな動きを楽しむことができるようにする。

【活動の流れ】

① はじめは、新聞紙1枚（長方形）をピンと張ったり、振るわせたり、ゆっくり揺らしたりしながら、簡単な動きで扱う。

② 次に、新聞紙をひらひらさせながら走ったり、投げ上げたりして、新聞紙になりきって走ったりジャンプしたりといった、全身を使った動きを引き出すようにする。

③ 力を込めてぐしゃぐしゃに丸める、サッカーボールのように思いっきり蹴る、そっと広げてしわを丁寧に伸ばす、ビリビリと勢いよくちぎる、断片を投げ上げる……など、質感の違う動きが連続するように、メリハリをつけながら新聞紙を扱う。人間にはまねできないような新聞紙の形や動きでも、新聞紙になりきっている子どもは思いつくまま動いて楽しむことができる。顔までなりきっている子どもを見つけ、称揚するとよい。

④ 新聞紙の断片が紙吹雪となって散らかったら、仕上げは「人間掃除機」になって、全員で掃除をする。

（2）モノを使った身体表現活動のポイント

1）扱う人も表現者

保育者が新聞紙を扱うときには、表現者となってオーバーアクションで全身

を使って踊るように扱うことが大切である。場当たり的に新聞紙を操作するのではなく、子どもの動きの質感が変わるようにメリハリをつけたり、その動きの変化が子どもに伝わるように大げさに扱ったり言葉かけをしたりすることがポイントである。たたみかけるように連続して操作したり、声をかけたりしても、子どもはその声かけについてくることができないので、子どもの活動の様子をよく見て、間を取ったり、緩急をつけたりした新聞紙の扱い方と言葉かけが大切である。

2）　心と体に響く魔法の言葉「オノマトペ」

オノマトペ（物の状態や動き、感情などを音で表す言葉）を使って、新聞紙の動く様子を伝えると効果的である。例えば、「ぎゅーっとねじるよ。もっと。ぎゅ、ぎゅ、ぎゅーっ！」「ふわーっと落ちてくるよ」「ビリッ、ビリビリッ、ビリッ！」などである。象徴的な短い言葉で雰囲気をつかませることが大切である。

4.　水を使った遊びと身体表現

子どもはもともと水に興味を持ち、水遊びや水を使った泥遊びなど、大人の手をかりずに自発的に遊ぶことができる。特に夏の暑い日に冷たい水に触れたときの気持ちよさや、キラキラと形を変えて飛び散る水しぶきに子どもたちは大きな歓声を上げて水との関わりを楽しんでいる。

ところが、なかには水を嫌がったり、怖がったりする子どもも少なくない。子どものときに、水に対する恐怖感を持ってしまうと、そのまま水が嫌い、泳ぐのが嫌いとなってしまうことがある。水に慣らそうと無理やり顔に水をかけたり、水に入れたりすることは、かえって子どもを危険にさらし、水から遠ざける原因となってしまう。まずは、水に慣れて、水は気持ちがよい、楽しいという体験を重ねていき、水に対する抵抗感を徐々に取り除いていくことが大切である。

幼児期は遊びを通して身体諸機能を発育・発達させていく時期である。特定の活動に偏ることなく、さまざまな遊びに親しみ、それらを楽しむことで体を

十分に動かすことが大切である。水遊びは、水の特性やプールという環境を利用して、身体活動を促しながら五感を刺激し、感覚や知覚の発達といった諸機能の発達を促すことができるバランスのよい遊びである。

（1）　水遊びの特徴

　水の特性（浮力、抵抗、水圧、水温など）を生かして、陸上ではできない動きや姿勢が可能になることから、動きや姿勢のバリエーションを広げることができる。水の中では常にバランス、筋力といった基本的運動能力が必要とされる。歩いたり、走ったり、転げまわったり、ボールを投げたり、身体を大いに使って遊ぶことで、水の中で体勢をコントロールする能力や自分の位置を把握する能力が発達する。水に慣れ、水を自由に扱えるようになるほど、子どもの遊び心は大きくなっていく。自分で水しぶきを作る楽しさ、飛び散るしぶきの美しさ、浮かべたおもちゃが流れる不思議など、水の持つ自由な性質を知れば知るほど、子どもの好奇心は刺激される。これが次の活動への動機づけになってくる。

　幼児期に多くの刺激を感覚に受けることで、感覚が研ぎ澄まされて感受性が豊かになるといわれる。豊かな感受性を持つことで強く心が動き、行動力にもつながるともいわれている。日によって変わる水の冷たさ、バシャバシャとたたいたときの音や水しぶき、水の中で歩くときの身体の重さや動きにくさ、物を投げ入れたときに水面に広がる波紋等、子どもは感覚を最大限に使って遊ぶ。水は、子どもにとって、とても身近でありながら、飽きることなくさまざまな感覚を刺激してくれる存在である。水遊びは楽しみながら感覚を刺激し、子どもの感性を磨くことができる遊びといえる。

　水遊びを通して、子どもは創造力や社会性を養うことができる。子どもは水の流れを利用して、ボールを投げて自分の元に戻るようにしたり、葉っぱや浮かぶおもちゃで友だちと競ったり、遊び道具を工夫したりする。水鉄砲等を利用して、遠くに飛ばすゲームや水のかけ合い、的に当てるなどの遊びを創造していく。子ども同士で協力したり、競争したりするために、集団の中でのルールを決めて、守ることを覚える。

　このように、水という素材やプールという環境を利用して、子どもたちの身体活動を促進することは、運動能力等の諸機能の発達を促すだけでなく、子どものコミュニケーション能力など心理的・社会的側面を含めた全人的な発達を促していくのである。

（2）水遊びの注意点

　水遊びには、注意しなければならないことがいくつかある。まず、水遊びの前には体調を確認する。病気による明らかな体調不良のときはもちろん、食欲がない、寝不足といった場合は、体力が落ちていることも考えられ、思わぬけがにつながる恐れもあるため避けたい。

　そして、子どもから目を離さないことが特に重要である。5cmほどの浅い水深であっても鼻と口が水没し、溺死するリスクがある。浅いがゆえに腹ばいで向かい波をかぶり、気道に水を吸引してむせることでパニックになる危険もある。ほんの一瞬でも危険が起こりうることを、しっかりと頭に入れ、さっと手が差し伸べられる距離にいることが大切である。『保育所保育指針』においても、プール活動・水遊びを行うにあたって、保育者は安全管理に務めるように具体的に記載されている。安全に十分配慮したうえで、子どもたちが待ち望む楽しい水遊びを行いたい。

引用文献
1)　文部科学省『幼稚園教育要領』2017 年、pp.20-21
2)　文部科学省『幼稚園教育要領解説』2018 年、p.242
3)　文部科学省『小学校学習指導要領』2017 年、p.133
4)　文部科学省『小学校学習指導要領解説　体育編』2017 年、p.61

参考文献

赤川理「学習指導要領の拘束力と教育の自由 ― 伝習館高校事件」『別冊ジュリスト 218 号　憲法判例百選［第 6 版］』2013 年

秋田喜代美・小西祐馬・菅原ますみ 編著『貧困と保育 ― 社会と福祉につなぎ、きぼうをつむぐ』かもがわ出版、2016 年

秋田喜代美・増田時枝・安見克夫・箕輪潤子『新時代の保育双書　保育内容　環境　第 3 版』みらい、2018 年

秋田喜代美・野口隆子 編著『保育内容　言葉』光生館、2018 年

秋山千枝子 編『保育士等キャリアアップ研修テキスト 5　保健衛生・安全対策』中央法規、2018 年

B. バックレイ、丸野俊一 訳『0 ～ 5 歳児までのコミュニケーションスキルの発達と診断　子ども・親・専門家をつなぐ』北大路書房、2004 年

Carver, C.S. and White, T.L. "Behavioral Inhibition, Behavioral Activation, and Affective Response to Impending Reward and Punishment: The BIS/BAS scales" *Journal of Personality and Social Psychology*, 1994

中央教育審議会『今後の学校におけるキャリア教育・職業教育の在り方について（平成 23 年 1 月 31 日）（答申）』文部科学省、2011 年

中央教育審議会『これからの学校教育を担う教員の資質能力の向上について ― 学び合い、高め合う教員育成コミュニティの構築に向けて ―（答申）』文部科学省、2015 年

Erikson, E.H.、仁科弥生 訳『幼児期と社会 I』みすず書房、1977 年

藤田浩子『あそべやまんば 1 集』むかしあそびの会、2007 年

藤田浩子『あそべやまんば 2 集』むかしあそびの会、2009 年

藤田浩子『あそべやまんば 3 集』むかしあそびの会、2011 年

藤田浩子編『あやすあそぶ 1』一声社、2003 年

藤田浩子編『あやすあそぶ 2』一声社、2003 年

藤田浩子編『あやすあそぶ 3』一声社、2003 年

学習研究社「画材の使い方 いかし方 ― ちょっと変わった美しさをうむあの手この手」『別冊幼児の指導』1997 年

橋本彩子・貴島日出見・橋本勇人「高等学校を対象としたスクールソーシャルワークの必要性と課題 ― 平成 20 年度スクールソーシャルワーカー活用事業の実践から ―」岡山ソーシャルワーカー協会『福祉おかやま』26 号、2009 年

橋本勇人「医療・福祉・教育系大学における法学・日本国憲法教育のあり方（第 1 報）新たな

法教育の流れの中での幼稚園教諭・保育士養成課程の課題」『川崎医療短期大学紀要』（30）、2010 年

橋本勇人・橋本彩子「スクールソーシャルワーカー活用における教育行政・学校現場の課題」『教育学研究紀要』56（1）、2010 年

橋本勇人・橋本彩子「幼稚園教諭・保育士養成課程におけるキャリア形成 ― 東日本大震災をテーマにしたビデオによる社会的・職業的自立の把握実践」『教育学研究紀要』58（2）、2012 年

橋本勇人・品川佳満「医療・福祉・教育系大学における個人情報保護教育の授業展開と改善―法教育と専門科目・卒後教育との連続性を見すえた実践」『法と教育』5、2014 年

樋口一成『幼児造形の基礎』萌文書林、2019 年

飯田悠佳子「身体の発育と発達」『日本アスレティックトレーニング学会誌』4（1）、2018 年

今井むつみ『ことばと思考』岩波書店、2010 年

岩田力・広瀬宏之 他『新　保育士養成講座　第 7 巻　子どもの保健』社会福祉法人全国社会福祉協議会、2015 年

岩立志津夫・小椋たみ子 編『やわらかアカディミズム・〈わかる〉シリーズ　よくわかる言語発達』ミネルヴァ書房、2005 年

ジェームズ・J・ヘックマン、古草秀子 訳『幼児教育の経済学』東洋経済新報社、2015 年

蔭山正子『メンタルヘルス不調のある親への育児支援』明石書店、2018 年

鹿取廣人・杉本敏夫・鳥居修晃 編著『心理学［第 5 版］』東京大学出版、2015 年

花篤實『幼児造形教育の基礎知識』建帛社、2006 年

経済協力開発機構室 編『経済協力開発機構と日本』外務省、2019 年

木村はるみ『わらべうたと子どもの育ち』エイデル研究所、2019 年

木村鈴代 編著『新・たのしい子どものうたあそび』同文書院、2016 年

小関康之 編著『臨床児童福祉論』中央法規出版、2002 年

公益社団法人日本産婦人科医会「妊産婦メンタルヘルスケアマニュアル〜産後ケアへの切れ目のない支援に向けて〜」2017 年　http://www.jaog.or.jp/wp/wp-content/uploads/2017/06/jaogmental_L_0001.pdf（2020 年 2 月 4 日確認）

厚生労働省『保育所保育指針解説』フレーベル館、2018 年

厚生労働省「平成 22 年乳幼児身体発育調査」https://www.mhlw.go.jp/stf/houdou/0000042861.html（2019 年 11 月 30 日確認）

前橋明『乳幼児の健康［第 2 版］』大学教育出版、2010 年

松宮透髙・黒田公美『メンタルヘルス問題のある親の子育てと暮らしへの支援』福村出版、2018 年

松本伊智朗・湯澤直美・平湯真人・山野良一・中嶋哲彦 編著「なくそう！ 子どもの貧困」全国ネットワーク 編『子どもの貧困ハンドブック』かもがわ出版、2016 年

松浦義行『身体的発育発達論序説』不昧堂出版、2005 年

目黒惇『新音楽辞典 楽語』音楽之友社、1997 年

文部科学省『幼児期運動指針ガイドブック』2012 年

文部科学省『学校体育実技指導資料 第 9 集 表現運動系及びダンス指導の手引き』2013 年

文部科学省『幼稚園教育要領解説』フレーベル館、2018 年

文部科学省ホームページ www.mhlw.go.jp/content/11900000/000361245.pdf （2019 年 11 月 5 日確認）

文部科学省・厚生労働省『幼保連携型認定こども園教育・保育要領解説』フレーベル館、2018 年

文部科学省総合教育政策局男女共同参画共生社会学習安全課『外国人児童生徒受入れの手引 ［改訂版］』明石書店、2019 年

文部科学省初等中等教育局「特別支援教育の推進について（通知）」文部科学省、2007 年

文部科学省初等中等教育局長「教育公務員特例法等の一部を改正する法律の公布について（通知）」文部科学省、2016 年

森上史朗・柏女霊峰 編『保育用語辞典［第 8 版］』ミネルヴァ書房、2015 年

森上史朗・小林紀子・渡辺英則 編『保育内容「人間関係」』ミネルヴァ書房、2015 年

村田芳子 編著『教育技術 MOOK「最新 楽しい表現運動・ダンス」』小学館、1998 年

村田芳子 編『教育技術 MOOK 表現運動・表現の最新指導法』2011 年

無藤隆 監修『新訂 事例で学ぶ保育内容〈領域〉環境』萌文書林、2018 年

中内敏夫・堀尾輝久・吉田章宏 編著『現代教育学の基礎知識 (1) ─ 人間発達の総合的理解のために ─ 』有斐閣、1976 年

中内敏夫・堀尾輝久・吉田章宏 編著『現代教育学の基礎知識 (2) ─ 教育活動の基本的理解のために ─ 』有斐閣、1976 年

奈良間美保・丸光恵 他『系統看護学講座 専門分野Ⅱ 小児看護学 2 小児臨床看護各論』医学書院、2015 年

成田朋子 編『新・保育実践を支える人間関係』福村出版、2018 年

西巻茅子『わたしのワンピース』こぐま社、1969 年

岡山大学教育学部附属幼稚園『研究紀要』(28)、2003 年

岡山大学教育学部附属幼稚園『研究紀要』(35)、2011 年

岡山県小学校体育連盟 岡山県小学校教育研究会体育部会「指導資料 楽しい体育 ─ 表現リズム遊び・表現運動 ─」2003 年

太田光洋 編著『保育・教育ネオシリーズ [20] 保育内容・言葉』同文書院、2006 年

大塚茜 監修『ドリル＆ CD でよくわかる！ 楽譜がスラスラ読める本』永岡書店、2015 年

Rogers, C.R.、保坂亨・諸富祥彦・末武康弘 訳『クライエント中心療法』岩崎学術出版社、2005 年

柴崎正行・戸田雅美・秋田喜代美『保育内容「言葉」』ミネルヴァ書房、2016 年

須藤明治「子どもの発育発達とスポーツ指導の在り方」『体育・スポーツ科学研究』7、2007 年

鈴木孝夫『ことばと文化』岩波書店、1973 年

田畑治「来談者中心療法」田中富士夫 編著『臨床心理学概説』北樹出版、1988 年

高御堂愛子・植田光子・木許隆 監修・著『保育者をめざす　楽しい音楽表現』圭文社、2017 年

竹田省「妊産婦死亡“ゼロ”への挑戦」日本産科婦人科学会『日本産科婦人科學會』68（2）、2016 年

玉瀬耕治「カウンセリングの実際」無藤隆・森敏昭・遠藤由美・玉瀬耕治『心理学［新版］』有斐閣、2018 年

山内光哉・春木豊 編著『グラフィック学習心理学 ― 行動と認知 ― 』サイエンス社、2001 年

柳治男『〈学級〉の歴史学　自明視された空間を疑う』講談社、2005 年

米沢広一「教育を受ける権利と教育権 ― 旭川学テ事件」『別冊ジュリスト 218 号　憲法判例百選［第 6 版］』2013 年

幼児体育学会編『幼児体育　理論と実践［第 5 版］』大学教育出版、2016 年

執筆者一覧

（所属は令和2年4月現在）

橋本　勇人　**編者**　（はじめに、第2章）

　川崎医療福祉大学　子ども医療福祉学科　教授

尾﨑　公彦　（第16章、表紙デザイン）

　川崎医療福祉大学　子ども医療福祉学科　教授

山野井　敦徳　（第4章4）

　川崎医療福祉大学　子ども医療福祉学科　特任教授

笹川　拓也　（第5章4）

　川崎医療福祉大学　子ども医療福祉学科　准教授

中川　智之　（第1章、第6章、第7章、第10章、第12章1、2、第13章4、第14章1、第15章1）

　川崎医療福祉大学　子ども医療福祉学科　准教授

北澤　正志　（第14章2）

　川崎医療福祉大学　子ども医療福祉学科　准教授

入江　慶太　（第3章2、第8章、第11章1、2、第12章3）

　川崎医療福祉大学　子ども医療福祉学科　講師

重松　孝治　（第5章1、2）

　川崎医療福祉大学　子ども医療福祉学科　講師

森本　寛訓　（第3章1、第4章1〜3、第9章1、第13章3）

　川崎医療福祉大学　子ども医療福祉学科　講師

青井　則子　（第15章2〜5）

　　川崎医療福祉大学 子ども医療福祉学科 講師

岡正　寛子　（第5章3、第12章4、第13章1、2、5）

　　川崎医療福祉大学 子ども医療福祉学科 講師

藤澤　智子　（第11章3、第17章4）

　　川崎医療福祉大学 子ども医療福祉学科 講師

小合　幾子　（第14章4（1））

　　川崎医療福祉大学 子ども医療福祉学科 特任講師

大江　由美　（第14章4（3））

　　川崎医療福祉大学 子ども医療福祉学科 特任講師

松本　優作　（第9章3）

　　川崎医療福祉大学 子ども医療福祉学科 助教

荻野　真知子　（第11章5）

　　川崎医療福祉大学 子ども医療福祉学科 助教

種村　暁也　（第14章3）

　　川崎医療福祉大学 子ども医療福祉学科 助教

後藤　大輔　（第11章4）

　　川崎医療福祉大学 健康体育学科 助教

橋本　彩子　（第9章2）

　　川崎医療福祉大学 子ども医療福祉学科 非常勤講師

所司　都八紀　（第15章2〜5）

　　川崎医療福祉大学 子ども医療福祉学科 非常勤講師

伊達　希久子　（第15章2〜5）

　　川崎医療福祉大学 子ども医療福祉学科 非常勤講師

本郷　美紀子　（第15章2〜5）

　　川崎医療福祉大学 子ども医療福祉学科 非常勤講師

水野　恵子　（第14章4（2））

　　川崎医療福祉大学 子ども医療福祉学科 非常勤講師

太田　一枝　（第17章1）

　　川崎医療福祉大学 子ども医療福祉学科 非常勤講師

鳥越　有実子　（第17章2）

　　川崎医療福祉大学 子ども医療福祉学科 非常勤講師

金田　典子　（第17章3）

　　川崎医療福祉大学 子ども医療福祉学科 非常勤講師

■編著者紹介

編著者代表

橋本　勇人（川崎医療福祉大学　子ども医療福祉学　学科長・教授）

〔略歴〕
博士（医療福祉学）：川崎医療福祉大学、法学修士：慶応義塾大学
社会福祉士、高等学校教諭1級普通免許状（社会）
日本保育学会 理事（第70回大会実行委員長）
日本保育学会編集常任委員会 委員
全国保育士養成協議会 常任理事
中・四国保育士養成協議会 会長

編著者

中川　智之（川崎医療福祉大学　子ども医療福祉学科　准教授）
笹川　拓也（川崎医療福祉大学　子ども医療福祉学科　准教授）
岡正　寛子（川崎医療福祉大学　子ども医療福祉学科　講師）

幼稚園教諭・保育教諭をめざす人のための教育学入門

2020年5月20日　初　版第1刷発行

■著　　者——橋本　勇人
■発 行 者——佐藤　守
■発 行 所——株式会社 大学教育出版
　　　　　　　〒700-0953　岡山市南区西市855-4
　　　　　　　電話（086）244-1268　FAX（086）246-0294
■印刷製本——モリモト印刷㈱

ISBN978-4-86692-064-1